U0719882

中国物流专家专著系列

——贯彻新发展理念——

我国农产品物流高质量发展研究

赵欣苗◎著

中国财富出版社有限公司

图书在版编目（CIP）数据

我国农产品物流高质量发展研究／赵欣苗著．—北京：中国财富出版社有限公司，2023.9

（中国物流专家专著系列）

ISBN 978-7-5047-7986-1

Ⅰ.①我…　Ⅱ.①赵…　Ⅲ.①农产品—物流—研究—中国　Ⅳ.①F724.72

中国国家版本馆 CIP 数据核字（2023）第 187102 号

策划编辑	谷秀莉	**责任编辑**	邢有涛　刘康格	**版权编辑**	李　洋
责任印制	梁　凡	**责任校对**	卓闪闪	**责任发行**	杨　江

出版发行	中国财富出版社有限公司			
社　　址	北京市丰台区南四环西路 188 号 5 区 20 楼		**邮政编码**	100070
电　　话	010-52227588 转 2098（发行部）		010-52227588 转 321（总编室）	
	010-52227566（24 小时读者服务）		010-52227588 转 305（质检部）	
网　　址	http://www.cfpress.com.cn		**排　版**	宝蕾元
经　　销	新华书店		**印　刷**	北京九州迅驰传媒文化有限公司
书　　号	ISBN 978-7-5047-7986-1/F·3592			
开　　本	710mm×1000mm　1/16		**版　次**	2023 年 10 月第 1 版
印　　张	11.75		**印　次**	2023 年 10 月第 1 次印刷
字　　数	136 千字		**定　价**	68.00 元

我国是拥有 14 亿多人口的大国，农产品是最基本、最重要的民生保障产品，关乎国家的安全与稳定。农产品物流对提升我国农产品供给保障水平、保护农民种植积极性等具有重要支撑作用，不断提高农产品物流发展质量和运行效率，对保民生、扩内需、强安全意义重大。我国地形地貌丰富，农产品品种繁多，产地、气候导致农产品产量等差异较为明显，农产品物流无论是在设施布局、服务网络构建方面还是在企业运行方面，均较为复杂，加之农产品产地、销地的空间分布不够均衡，提高农产品物流质量和水平难度很大，必须在政策制定、市场化运作方面下大力气。我国新发展格局构建中，农产品国内大循环和充分利用国际资源、市场的国内国际双循环，对农产品物流的功能和作用提出了新的更高要求。为此，对农产品物流高质量发展问题进行研究非常有必要。当前我国以大豆为代表的农产品进口逐步增加，1996 年我国从大豆净出口国转变为大豆净进口国，2010 年我国大豆进口量突破 5000 万吨，2020 年我国大豆进口量突破 1 亿吨。可见，国际农产品市场对我国影响巨大，我国必须加快提升国际农产品物流服务能力和水平，确保我国农产品流通安全和韧性。

在传统的农产品流通中，各级各类批发市场是我国农产品流通的重要形态，也是农产品物流活动集中地和重要载体。近年来，随着电子商务和快递物流的不断发展，农产品从田间地头直送至消费端的销售模式发展迅速。因此，从现阶段看，我国农产品在从产地到批发市场再到销地的全过程中，呈现出多种不同链路的物流运行服务模式，农产品物流业态正发生着历史性的重要变化。农产品物流承载着农产品从田间地头到餐桌的各流通环节，无论何种模式和业态，均需纳入统一的农产品物流发展系统进行统筹管理。为此，我国在实施区域协调发展战略进程中，既要根据不同区域之间农产品流通的需求进行物流系统的统筹考量，又要充分结合农产品进出口实际进行国内国际物流的精准匹配。研究农产品物流高质量发展问题，应兼具国内国际视野，把握好我国农产品物流演进的时间维度，是一项较为艰巨、复杂的工作。《我国农产品物流高质量发展研究》一书的作者赵欣苗同志，在收集大量资料的基础上，以农产品物流方面的工作积累为依据，以农产品物流高质量发展为方向，对我国农产品物流设施发展现状、我国进口农产品与国内农产品发展趋势，以及物流需求等进行了较为系统的研究，抓住了推动我国农产品进口物流与国内物流高质量发展这两个关联性很强的问题，为该领域学术界和相关行业主管部门系统研究和思考该问题开了个好头，她的探索和研究精神值得肯定。

《我国农产品物流高质量发展研究》一书，从农产品供需格局到农产品进出口格局，从流通模式到物流设施，从国内外经验到我国发展趋势，系统论述了我国农产品物流体系建设的现状与发展思路，在重点专项领域对国际农产品物流和国内农产品物流进行了典型案例分析。作者在书稿撰写中，充分融合"十四五"现代物流、"十四五"冷链物流发展等物流行业顶层设计的基本思想，对粮食与生鲜物流领域进行了深入探讨。针对农产品进口物流，她结合农产品调运量将稳步增加的发展趋势，提出农产品进口来源、运输方式、运输设施、国际物流、供应链等相关措施建议，符合国内国际双循环构建要求；针对农产品国内物流，她提出了物流服务"规模化＋全程化＋品质化"的发展趋势，并提出行业政策、调控基金、业态发展等方面的措施建议，为我国农产品物流研究作出了自己的贡献。

本书具有一定的理论与实践借鉴价值，适合物流行业政府管理人员、学术界研究人员以及企业界从业人员参阅。我愿意推荐给各位读者。

汪　鸣

2023 年 9 月

于国家发展和改革委员会综合运输研究所

物流业不仅是保障社会生产和社会生活供给的服务业，还是由运输业、仓储业、通信业等多种行业构成的复合型行业。现代物流一头连着生产，一头连着消费，高度集成并融合运输、仓储、分拨、配送、信息等服务功能，是延伸产业链、提升价值链、打造供应链的重要支撑，在构建现代流通体系、促进强大国内市场形成、推动经济高质量发展、建设现代化经济体系中发挥着先导性、基础性、战略性作用。我国农产品供需之间存在着天然的不均衡性，并有一定的结构性缺口。农产品物流为我国规模庞大的农产品生产与消费提供调配保障服务。在新发展理念的引领下，农产品国际物流与国内物流共同保障农产品顺畅、便捷流通，助力我国构建以国内大循环为主体、国内国际双循环相互促进的新发展格局。

近年来，在我国农产品产量与流通规模不断扩大、进口量不断创新高的大背景下，农产品国际与国内调运需求快速增长与农产品物流系统能力相对滞后的矛盾日益突出。一方面，国内多级批发市场为主的农产品流通模式与基础设施品质有待提档升级，目前流通环节众多、主体分散性强等特征加重了农产品流通负担，需要加强农产品物流对新发展格局下需求变化的适应性；另一方面，国际政治经济环境复杂多变，我国农产品进口运输格局面临多重风险和挑战，这对我国国际物流保障能力提出了更高要求。为充分利用国内与国际两个市场、两种资源，未来我国农产品物流的发展应突破传统的农产品物流行业视角，综合考虑农产品种植行业、进口来源、运输方式、物流业态等多方面发展现状与发展趋势，从农产品生产组织模式、进口组织模式、流通组织模式、储运供应链等角度出发，以提升物流效率、提高安全保障等为目标，优化农产品物流全流程所涉及的产运储销等各个环节。

鉴于此，《我国农产品物流高质量发展研究》拟基于我国农产品生产消费格局、进口格局、物流基础设施等现状，结合供需两侧发展面临的形势，以粮食、生鲜农产品等重点品类为代表，开展农产品国际与国内物流高质量发展研究，提出当前存在的主要问题、行业发展趋势、面临的风险挑战以及相关应对措施和建议。本书总体结构大致分为基础理论（第一章至第二章）、发展历程（第三章）、经验借鉴（第四章）以及专题分析（第五章至第六章）几个部分。其中，基础理论部分覆盖对研究主题的认识、农产品流通格局现状、农产品物流支持政策、农产品物流发展形势等内容；发展历程主要回顾了国家交通大干线以及农村交通两方面设施的发展演变情况，并提出目前存在的问题以及未来发展方向；经验借鉴主要从政府、行业、市场等方面提出国际上可供我国参考的农产品物流发展经验；

专题分析分为国际与国内两方面，国际方面以粮食进口为重点，分析国际进口格局、进口物流发展趋势、国际运输面临的风险和挑战以及相关措施和建议；国内方面以生鲜农产品为重点，分析国内产销格局、物流行业现存问题、物流行业发展趋势以及相关政策建议。

　　本书吸收了笔者曾参与的部分项目研究成果，写作过程中得到了国家发展和改革委员会综合运输研究所汪鸣所长等专家的指导与支持，在此一并表示感谢。受成书时间与个人能力限制，疏漏之处难以避免，敬请各位专家、学者谅解并提出宝贵建议。

赵欣苗

2023 年 9 月于北京

Contents | **目 录**

第一章
我国农产品供需格局基本情况

1.1 对研究主题的初步认识

1.1.1 农产品物流解决的问题

我国是农产品生产大国与消费大国，农产品生产具有地域性、季节性、分散性等特点，这导致农产品供需具有天然的不均衡性。城乡二元结构下，我国农产品供需存在时间、空间矛盾，并且存在结构性不足，不仅国内农产品流通对生产、运输、仓储提出要求，农产品进口也对国际物流提出要求。生产组织模式决定了流通组织模式，与我国农产品生产格局相对应的是"千军万马"式的农产品大流通。农产品从田间地头到餐桌，依靠的是"经销商 + 多级批发市场"的主要流通渠道。农产品物流贯穿农产品生产、运输、销售整个组织过程。

农产品物流是解决农产品供需矛盾的重要环节，在支持农产品调拨、促进市场供需匹配过程中发挥着重要作用。

从国内来看，随着生鲜超市、生鲜电商等新型业态的涌现，产地直采、订单农业等模式打破了传统流通方式，物流不再只是传统仓储运输的范畴，而是逐渐延伸链条，涉及生产、加工、集散、运输、仓储、销售等，不仅关注实体和信息、空间和形态，还关注农产品在物流过程中的价值实现。

从国际来看，充分利用国内、国外两个市场，是做好我国农产品保供稳价工作的重要内容，国内与国际农产品物流在其中发挥着重要作用。

1.1.2 对研究范围的界定

农产品通常指初级农产品，初级农产品是从农业活动中获得的植物、动物及其产品（不包括经过加工的各类产品），主要包括种植业产品、畜牧业产品和渔业产品等，重点品类有粮、棉、油、糖、水果、蔬菜、肉类、奶类、水产品等。其中，粮、棉、油、糖等农产品均按国家重要农产品储备制度管理，大量产品由指定企业负责收储、运输、投放等。肉类、蔬菜也有一定储备量，但与流通量相比规模较小。

1.2 我国农产品物流发展现状

1.2.1 农产品生产消费格局

根据农产品类别，农产品物流可分为粮、棉、油、糖等大宗农产品物流和水果、蔬菜、肉类、奶类、水产品等生鲜农产品物流。

大宗农产品物流规模较大，相对耐存储，按照国家重要农产品储备制度管理，大部分物流环节也随之纳入统一管理。生鲜农产品覆盖品类较多，其中部分菜果具有易腐性，难以长期保存，种植也相对分散，流通规模较大。

1. 大宗农产品

粮、棉、油、糖均按国家重要农产品储备制度管理，其物流模式基本为"农民—经纪人—加工厂—存储中心"或"农民—经纪人—加工厂—存储中心—配送中心—消费者"。其中，农民到经纪人环节通常指经纪人从农民手中收购并负责运输环节；经纪人到消费者环节，通常由国家指定的储备企业从经纪人处收购，并在产量较大地区设立加工厂、存储中心，形成成品后，一部分存储在仓库并按照国家储备物资管理，按期、按比例轮换，根据市场情况和行业部门指示不定期投入市场，另一部分则按照普通商品配送到配送中心，经过多级经销商，到达零售终端。大宗农产品储备企业通常实力雄厚，与铁路部门长期深度合作，部分企业甚至参与港口运营管理，大多采用自身物流团队与第三方物流团队合作的方式。目前，我国重要农产品物资已基本具备与供需格局相匹配的物流服务。尤其是在大宗农产品中流通规模最为庞大的粮食领域，已经形成布局全国的运输大通道。从运输方式上来看，由于农产品储备工作事关民生，铁路运输、水路运输、航空运输、公路运输均在农产品调运中发挥着重要作用。

（1）粮

2022 年，我国东北地区、西北地区、黄淮海地区、长江中下游地区、华南地区和西南地区粮食产量分别占全国总产量的 21.2%、12.5%、35.1%、14.9%、4.9% 和 11.4%（见图 1-1）。目前我国粮食消费区与粮食产区具有较大错位，因此粮食实物流通量很大，基本在 4 亿吨以上/年，通常省内粮食流通实物量、跨省粮食流通实物量均在 2 亿吨以上/年。

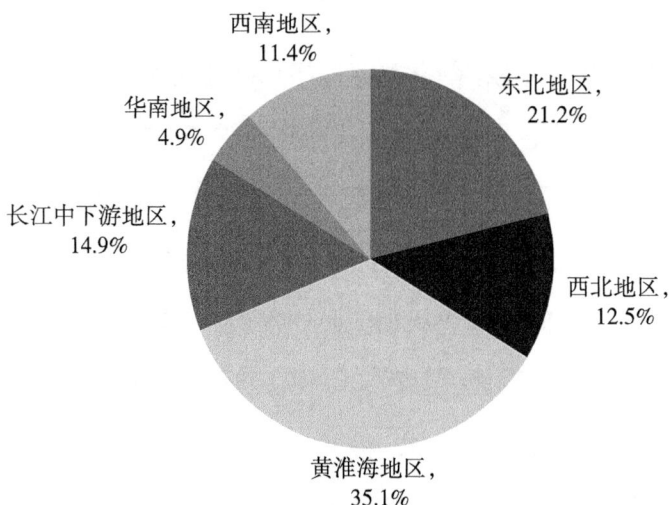

图 1-1 2022 年我国六大粮食产区产量占比

我国已形成"北粮南运"为主、"中粮西运"为辅的运输格局，以及三大粮食流出通道和五大粮食流入通道。

三大粮食流出通道中，东北粮食流出通道以稻谷、玉米为主，通过陆路运往辽宁各港口，再通过水路运到东南沿海，部分则通过陆路直接运至京津地区；黄淮海粮食流出通道以小麦为主，从河北、河南、山东及安徽北部地区通过陆路运往北京、天津、江苏等周边省市，部分通过陆路运往华东、华南、西南和西北省份；长江中下游粮食流出通道以稻谷为主，从湖北、湖南、安徽、江西和四川经陆路运往东南沿海和西南地区。

五大粮食流入通道分别为华东沿海粮食流入通道、华南沿海粮食流入通道、京津粮食流入通道、西南粮食流入通道、西北粮食流入通道。

2022 年，我国粮食总产量约 6.87 亿吨，同比增长 0.5%；其中，谷物①总产量约 6.33 亿吨，同比增长 0.1%，稻谷、小麦、玉米总产量分别约为 2.08 亿吨、1.38 亿吨、2.78 亿吨。2013—2022年我国粮食总产量如图 1－2 所示。

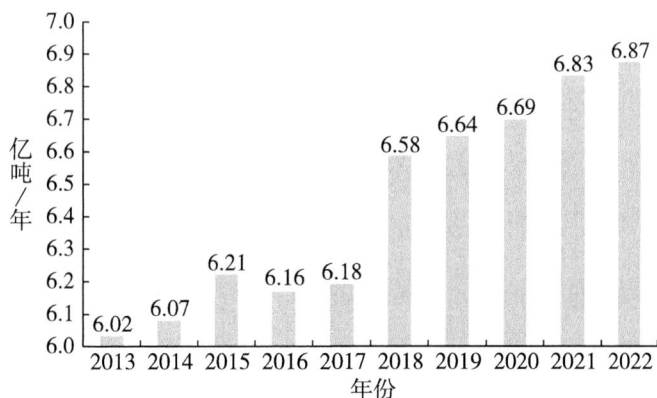

图 1－2　2013—2022 年我国粮食总产量

（2）棉

我国棉花用途较为单一，以供应棉纺工业为主，棉农自用一般局限于棉絮。棉花物流包括籽棉物流和皮棉物流两部分，前者为籽棉从棉农到棉花加工企业的过程，多通过棉农、棉花经纪人等流入棉花加工企业；后者为皮棉从棉花加工企业经棉花仓库到棉纺织企业的过程。棉花主销区聚集在长江三角洲地区、珠江三角洲地区、

---

① 谷物主要包括稻谷、小麦、玉米、大麦、高粱、荞麦和燕麦等。

华北地区以及武汉周边地区。我国棉花物流通道主要有两个：国产棉（新疆棉）自西向东，从南疆、北疆流向我国中部、东部地区；进口棉自东向西，以青岛和上海为中心，辐射流向内陆地区。

2022 年我国棉花播种总面积 4500 多万亩[①]，棉花总产量 597.7 万吨。新疆作为我国棉花主产区，2022 年棉花播种面积 2496.9 千公顷[②]，总产量 539.1 万吨，约占国内棉花总产量的 90%。2022 年我国进口棉花 194 万吨，进口棉主要通过青岛港和上海港流入，两大港口流入的进口棉约占全国年进口棉总量的 80%。

西北内陆棉区是我国最大的棉花产区，长江流域棉区、黄河流域棉区也有一定产出，近年来我国棉花产区向西北内陆地区集中趋势明显。我国棉花产量最大的省份为新疆，其次是河北、山东、湖北等地。我国棉花主要进口来源国为美国、巴西等。

（3）油

油料作物方面，我国南方主要生产油菜，北方主要生产大豆、花生、油菜。

油料加工方面，我国主要有三大油料加工区域，即渤海湾地区、长江流域和华南地区。渤海湾地区主要加工国内种植的大豆，长江流域主要加工油菜籽和大豆，华南地区主要加工进口大豆。

我国食用油运输网络分为两种：储备企业等大型国企主要通过长途火车油罐车运输未包装的成品油；加工企业则通常通过公路运

---

① 1 亩 ≈ 666.67 平方米。
② 1 公顷 = 10000 平方米。

输成品包装食用油。

我国食用油物流包括油料物流和成品油物流两种，油料物流指油料从产地到加工区域的物流，成品油物流指成品油从加工厂到存储中心、配送中心等的物流。

2021年，我国油料种植面积约1310万公顷，油料产量约3613万吨，增产约0.78%，其中，花生、油菜籽、芝麻产量分别超1820万吨、1470万吨、45万吨。

（4）糖

我国南方主要生产甘蔗糖，北方主要生产甜菜糖，其中，广西、云南、广东、海南、新疆5个省份的产糖量占全国产糖量的90%以上，白砂糖的生产主要集中于广西、云南、广东、海南、黑龙江、新疆、内蒙古等省份。

我国食用糖流通模式分为两种：糖料到达加工厂形成成品糖后，可通过铁路、公路等运输至储备企业的存储中心；其余到达销地批发市场或经多级经销商再流通到消费者手中。糖料加工厂基本位于生产地，成品糖物流主要是从加工厂流通至存储中心、配送中心等。

2021年，我国糖料作物种植面积约2190万亩，其中，甘蔗种植面积1301.8千公顷，甜菜种植面积156.85千公顷。2021年，我国糖料总产量11451万吨，减产4.7%。其中，甘蔗、甜菜产量分别为10666万吨、785万吨。2021年，我国成品糖产量约为1457万吨，食糖进口量约为567万吨。

2. 生鲜农产品

我国生鲜农产品市场，体现出生产总量大、生产和消费频率高、消费需求具有刚性等特征。我国幅员辽阔，农业生产具有分散性，生鲜农产品一般以农产品批发市场为核心，历经产地收购、长途运输、销地批发、终端零售等多个流通环节，最后到达消费者手中。我国生鲜农产品产量规模巨大，近些年一直保持稳中有升的趋势，水果、蔬菜、肉类、奶类、水产品等生鲜农产品年产量超过 10 亿吨，每年约 1/3 进入流通市场。

农产品批发市场是我国生鲜农产品流通的核心环节，在国家鼓励产销对接的背景下，部分农产品品种由超市、电商买手从产地选择、收购后直接长途运至城市配送中心，然后配送到终端门店（前置仓），实现了产地直达。绝大多数生鲜超市、生鲜电商为节约成本，部分产品从批发市场采购，经初步加工后售出。从零售环节来看，城市末端物流一般是通过农贸市场（社区菜店）、超市（便利店）、社区直通车、生鲜电商等销售给消费者。

2009 年 12 月，交通运输部、国家发展和改革委员会对鲜活农产品具体品种进行了界定，制定了《鲜活农产品品种目录》（以下简称《目录》）；2010 年，按照国发〔2010〕40 号文件要求，在《目录》中增加了马铃薯、甘薯（白薯、红薯、山药、芋头）、鲜玉米、鲜花生；2022 年，《交通运输部办公厅 国家发展改革委办公厅 财政部办公厅 农业农村部办公厅关于进一步提升鲜活农产品运输"绿色通道"政策服务水平的通知》，针对个别地方存在的对鲜活农产品品种理解不一致、查验尺度把握不统一等问题，做出了相应补充规定（见专栏1-1），并修订完善了《目录》（见专栏1-2），新增蔬菜别名及常用商品名称对照表、水果别名及常用商品名称对照表。所有纳入《目录》的生鲜农产品均可享受鲜活农产品运输"绿色通道"政策，在通行便利性、税费优惠方面均有一定支持。物流通道方面，目前主要通过"五纵二横"鲜活农产品"绿色通道"（见表1-1）进行运输。"绿色通道"线路设置样式统一的标识标志（见图1-3），方便鲜活农产品运输车辆出行选择。

专栏1-1　《交通运输部办公厅　国家发展改革委办公厅　财政部办公厅　农业农村部办公厅关于进一步提升鲜活农产品运输"绿色通道"政策服务水平的通知》（节选）

一、严格执行鲜活农产品品种目录。针对部分蔬菜水果品种名称相近、外形相似或存在别名、商品名，导致识别认定口径不统一的问题，经商有关部门，按照"大众化、入口吃，易腐烂、不耐放，种植广、销量大"的原则，对《鲜活农产品品种目录》进行了修订完善……新增品种名称与别名和商品名的对照表，请遵照执行，确保所有符合标准的鲜活农产品正常享受"绿色通道"政策。

二、统一规范"鲜活""深加工"判断标准。对新鲜蔬菜可参照《新鲜蔬菜分类与代码》（SB/T 10029—2012）关于"蔬菜叶片或其他可食用部位具有一定的光泽和水分，没有发生萎蔫现象"的规定进行判断，并充分考虑夏季运输过程中的影响等因素。对产品深加工可参照《农业农村部等 15 部门关于促进农产品精深加工高质量发展若干政策措施的通知》（农产发〔2018〕3 号）关于"农产品精深加工是在粗加工、初加工基础上，将其营养成分、功能成分、活性物质和副产物等进行再次加工，实现精加工、深加工等多次增值的加工过程"的规定进行判断，对于去皮、去叶、清洗、分割等粗（初）加工的目录内鲜活农产品，正常享受"绿色通道"政策。

专栏 1-2　《鲜活农产品品种目录》（全文）

附件 1　鲜活农产品品种目录

类别		品种名称
新鲜蔬菜	白菜类	大白菜、普通白菜、菜薹
	甘蓝类	菜花、芥蓝、青花菜、结球甘蓝
	根菜类	萝卜、胡萝卜、芜菁
	绿叶菜类	芹菜、菠菜、莴笋、生菜、空心菜、香菜、茼蒿、茴香、苋菜、木耳菜
	葱蒜类	洋葱、大葱、香葱、蒜苗、蒜薹、韭菜、大蒜、生姜
	茄果类	茄子、青椒、辣椒、番茄、樱桃番茄
	豆类	扁豆、荚豆、豇豆、豌豆、四季豆、毛豆、蚕豆、豆芽、豌豆苗、四棱豆
	瓜类	黄瓜、丝瓜、冬瓜、西葫芦、苦瓜、南瓜、佛手瓜、蛇瓜、节瓜、瓠瓜
	水生蔬菜类	莲藕、荸荠、水芹、茭白
	新鲜食用菌类	香菇（不含干香菇）、平菇、金针菇、滑菇、双孢蘑菇、木耳（不含干木耳）
	多年生和杂类蔬菜	竹笋、芦笋、金针菜、香椿
	其他类	马铃薯、甘薯、山药、芋头、鲜玉米、鲜花生

类别		品种名称
新鲜水果	仁果类	苹果、梨、海棠、山楂
	核果类	桃、李、杏、杨梅、樱桃
	浆果类	葡萄、草莓、猕猴桃、石榴、桑葚
	柑橘类	橙、桔（橘）、柑、柚、柠檬
	热带及亚热带水果	香蕉、大蕉、金香蕉、粉蕉、菠萝、龙眼、荔枝、橄榄、枇杷、椰子、杧果、杨桃、木瓜、火龙果、番石榴、莲雾
	什果类	枣、柿子、无花果
	瓜果类	西瓜、甜瓜
鲜活水产品（仅指活的或者新鲜的）	—	鱼类、虾类、贝类、蟹类
	其他水产品	海带、紫菜、海蜇、海参
活的畜禽	家畜	仔猪
	其他	蜜蜂（转地放蜂）
新鲜的肉、蛋、奶	—	新鲜的鸡蛋、鸭蛋、鹅蛋、鹌鹑蛋、鸽蛋、火鸡蛋、珍珠鸡蛋、雉鸡蛋、鹧鸪蛋、番鸭蛋、绿头鸭蛋、鸵鸟蛋、鸸鹋蛋，新鲜家禽肉和家畜肉、生鲜乳

表 1 -1 "五纵二横"鲜活农产品"绿色通道"网布局

布局	路线	里程（千米）	主控点	涉及国道
五纵	银川—昆明	2700	银川—成都—昆明	G109/G213
	呼和浩特—南宁	3000	呼和浩特—西安—重庆—贵阳—南宁	G209/G307/G210
	北京—海口（含长沙—南宁连接线）	4345	北京—石家庄—郑州—武汉—长沙—广州—海口；长沙—南宁	G107/G325/G207/G322

续　表

布局	路线	里程（千米）	主控点	涉及国道
五纵	哈尔滨—海口（含天津—北京连接线）	5500	哈尔滨—长春—沈阳—天津—济南—合肥—南昌—广州—海口；天津—北京	G102/G205/G309/G104/G206/G320/G105/G325/G207/G103
	上海—海口（含鹰潭—常山连接线）	2500	上海—梅州—深圳—广州—海口	G320/G205/G325/G207
二横	连云港—乌鲁木齐（含西宁—兰州连接线）	4140	连云港—徐州—郑州—西安—兰州—乌鲁木齐；西宁—兰州	G310/G312
	上海—拉萨	4800	上海—南京—合肥—安庆—武汉—成都—拉萨	G312/G206/G318

绿色通道
银川—昆明

图1-3　全国鲜活农产品"绿色通道"标识举例
注：标识牌为绿底白字，形状为长方形。

我国农产品物流主要有自营物流模式和第三方农产品物流模式两种。

自营物流模式下，农产品生产者、加工者或者流通企业自主组织物流活动，为自营农产品生产销售提供服务，连接农产品的生产与消费。

自营物流模式具体可以分为 3 种类型：加工企业主导型、流通企业主导型和批发市场主导型。

加工企业主导型物流模式以农产品加工企业为核心，直接与农户或通过合作社、生产基地与农户签订合作协议，组织物流把农产品通过批发商、零售商或者直销网点送达消费者。

流通企业主导型物流模式是流通企业（主要包括大型超市、大卖场、仓储式商场）组织物流，先把农产品送至配送中心，配送中心再直接送达或通过批发商、零售商、自营连锁店送达消费者的物流模式。

批发市场主导型物流模式是生产者或者市场中介组织货源，然后通过批发商、零售商送达消费者的物流模式。

第三方农产品物流模式是通过供方、需方之外的第三方物流企业把农产品从生产者运至需求者的物流模式。近年来，随着生鲜电商和农产品供应链管理的迅猛发展，"生鲜电商＋冷链物流""中央厨房＋食材冷链配送"等模式不断涌现，顺丰和苏宁等企业利用线上流量和线下物流渠道积极开拓冷链业务，菜鸟也通过平台整合冷链物流资源，提供农产品冷链物流服务，等等。

1.2.2 农产品进出口格局

1. 农产品进口规模变化

我国是世界上最大的农产品进口国。随着居民饮食结构调整，国内消费者对农产品的要求日趋提高，农产品进口既能满足消费者需求，也能有效缓解我国的农业资源压力。在"主动扩大国内紧缺农产品进口，拓展多元化进口渠道"等积极进口政策的引领下，我国不断推进贸易便利化，这为各类农产品进口提供了良好的发展机遇。

2010—2021 年我国农产品进口额如图 1 - 4 所示。由图 1 - 4 可以看出，我国农产品进口规模近年来不断扩大。其中，2021 年我国农产品进口额为 2198.2 亿美元，同比增长 28.6%。

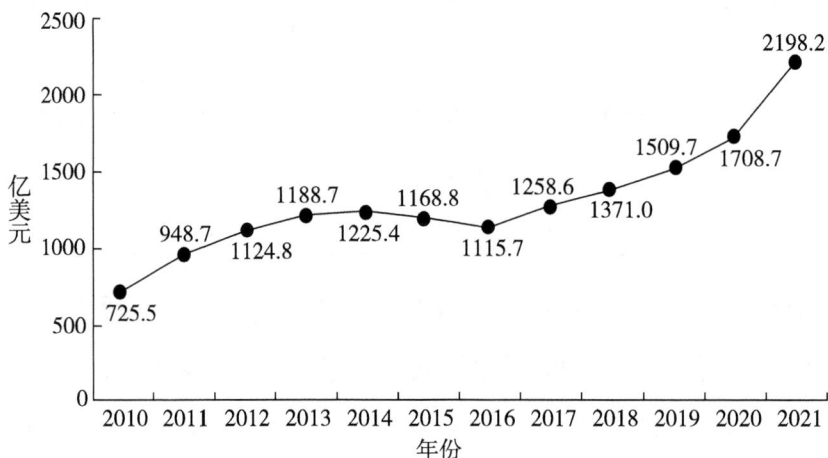

图 1 - 4　2010—2021 年我国农产品进口额

我国进口农产品覆盖粮食、肉类、食用油等品类。分品类来看，2011—2021 年我国主要品类农产品进口总体呈增加态势。以粮食为例，2011—2021 年，我国大豆进口量从 5263.42 万吨上涨至 9652 万吨，我国玉米进口量从 175.36 万吨上涨至 2834 万吨；2013—2021年，我国小麦进口量从 553.51 万吨上涨至 977 万吨。

2. 农产品进口主要品类与数量

分品类来看，我国进口的农产品主要包括大豆、玉米、小麦、大麦、棕榈油、大豆油、菜籽油、牛肉、猪肉、禽肉等代表性农产品。2021 年，我国主要进口农产品数量如图 1－5 所示，相应的进口额如图 1－6 所示。

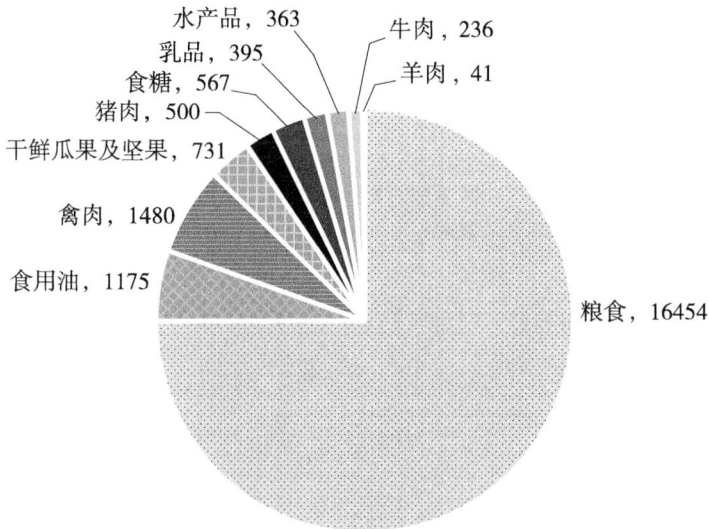

图 1－5 我国主要进口农产品数量（单位：万吨）

粮食是我国进口运输规模最大的农产品品类。从我国农产品进口数量来看，2021 年，粮食占比 75.0%，肉类（含禽肉、猪肉、牛肉、羊肉、水产品）占比 11.9%，食用油占比 5.4%，干鲜瓜果及坚果占比 3.3%，食糖占比 2.6%，乳品占比 1.8%。自 2015 年以来，我国粮食进口量总体呈现逐年上升趋势，2019 年我国全年粮食进口量突破 1 亿吨，2021 年我国全年粮食进口量为 1.65 亿吨。

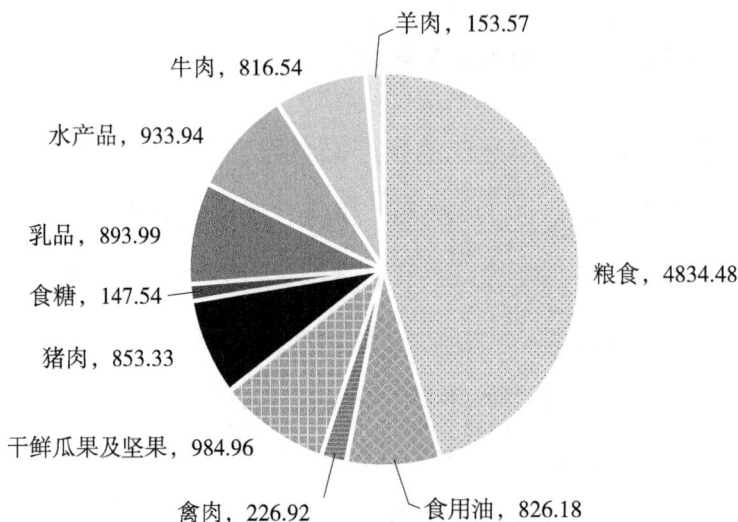

图1-6 我国主要农产品进口额（单位：亿元）
资料来源：根据海关总署数据整理。

同时，粮食是我国进口额最大的农产品品类。从我国农产品进口额来看，2021年，粮食占比45.3%，肉类（含禽肉、猪肉、牛肉、羊肉、水产品）占比28.0%，干鲜瓜果及坚果占比9.2%，食用油占比7.7%，乳品占比8.4%，食糖占比1.4%。与粮食进口量总体呈现逐年增加趋势相对应的是，我国粮食进口额也总体呈现逐年增加趋势。

3. 我国农产品进口主要来源国

全球主要的农产品出口区域为南美洲、北美洲、黑海及中亚地区、欧洲、大洋洲等。

南美洲资源丰富，潜力巨大，农业发展速度较快，已经成为全球最主要的农产品出口区域。其中，巴西在大豆、牛肉、禽肉等农产品上具有出口优势；阿根廷在大麦、大豆、牛肉等农产品上具有出口优势。

北美洲的美国是传统的农业发达国家，其农产品品种全、产量大、供应足，主要农产品生产量和出口量都位居全球前列。作为世界上最大的农产品出口国，美国在粮食和畜产品（包括猪肉、玉米、大豆、小麦等）生产和出口方面具有优势。加拿大在小麦、油菜籽等生产和出口方面具有优势。

黑海及中亚地区地处"一带一路"沿线，农业资源丰富，发展潜力巨大，是全球重要的小麦及非转基因玉米、葵花籽、菜籽产区，与南美洲作物形成季节性互补，但该区域农业基础设施较为薄弱。

大洋洲、欧洲农业生产发达，市场成熟，投资环境完善，是乳品、肉类、食糖、小麦、棉花等高附加值产品的主要出口区域。俄罗斯在小麦、葵花籽、食用油上具有出口优势，乌克兰在玉米、葵花籽油、大麦等农产品上具有出口优势。

2021 年我国进口农产品主要品类、数量及来源国如表 1 - 2 所示。

表 1 - 2　　2021 年我国进口农产品主要品类、数量及来源国 （单位：万吨）

来源国	进口品类及数量							
巴西	大豆	食糖	冻牛肉	禽肉	棉花	猪肉	豆油	其他
	5815.1	468.8	85.8	65.1	64.4	54.6	40.8	7.3
美国	大豆	玉米	高粱	小麦	棉花	禽肉	猪肉	畜禽食用杂碎	乳清粉
	3231.0	434.0	426.0	165.0	83.0	45.0	40.0	34.0	29.0

续　表

来源国	进口品类及数量							
乌克兰	玉米	大麦	葵花籽油及棉籽油	大豆	菜籽油			
	629.8	226.3	87.9	6.3	5.6			
加拿大	油菜籽	小麦	大麦	菜籽油	大豆	猪肉		
	243.8	229.7	201.8	91.4	58.8	23.6		
阿根廷	大豆	冻牛肉	豆油	高粱	大麦	禽肉	乳清粉	花生油
	374.7	46.2	45.8	44.1	39.2	8.1	2.3	2.1
印度尼西亚	棕榈油							
	470.1							
法国	小麦	大麦	猪肉	畜禽食用杂碎	液态奶	乳清粉	菜籽油	
	238.3	175.9	15.3	8.9	6.8	6.5	4.3	
澳大利亚	大麦	小麦	羊肉	冻牛肉	液态奶	高粱	奶粉	油菜籽
	149.2	122.2	14.5	13.9	12.5	10.4	10.1	9.3
新西兰	奶粉	液态奶	羊肉	冻牛肉	黄油	奶酪		
	88.9	36.3	24.2	19.2	10.8	9.6		
俄罗斯	葵花籽油及棉籽油	菜籽油	豆油	玉米	禽肉	油菜籽	大豆	
	35.8	33.9	15.7	13.5	12.3	10.4	54.8	
乌拉圭	大豆	冻牛肉						
	86.6	35.3						
西班牙	猪肉	橄榄油						
	109.8	4.7						

资料来源：根据海关总署数据整理。

4. 我国农产品进口主要特征

（1）不同品类农产品主产国分布存在差异

不同国家和地区的农产品生产优势不同。我国大豆主要进口来源国为巴西、美国，也有少部分大豆从阿根廷、乌拉圭、俄罗斯、加拿大、乌克兰进口；冻牛肉主要进口来源国为巴西、阿根廷、乌拉圭、澳大利亚、新西兰等；猪肉主要进口来源国为巴西、美国、加拿大等；食用油主要进口来源国为乌克兰、巴西、阿根廷、俄罗斯等。

（2）主要农产品进口来源地相对集中

我国农产品进口严重依赖巴西、美国等国家。以粮食为例，2022 年，我国大豆进口量约9108 万吨，同比减少540 万吨左右，但进口自巴西的大豆约5439 万吨，进口自美国的大豆约2953 万吨，进口自这两个国家的大豆量合计占比超过我国大豆进口总量的92％；2022 年，我国玉米进口量约2062 万吨，同比减少770 万吨左右，但自美国、乌克兰进口的玉米量合计占比仍超95％。

5. 我国农产品分析和进口趋势分析

（1）我国农产品产量稳步增加，生产结构逐步优化

粮食产品方面，我国粮食产量稳步增长。2022 年，我国粮食播种面积约11833 万公顷，同比增加约70 万公顷。粮食总产量约6.87 亿吨，同比增产0.5％。2022 年，我国 23 个省份实现粮食增产，新

疆、内蒙古、山东、山西、吉林粮食增产均超过 8 亿斤。其中，小麦、玉米、豆类均有增产，产量分别为 13772.3 万吨、27720.3 万吨、2351.0 万吨，同比分别增长约 0.6%、1.7%、19.6%；稻谷、薯类产量略有减少，产量分别为 20849.5 万吨、2977.4 万吨，同比分别下降 2.0%、2.2%。

畜产品方面，我国持续提升畜产品产能。2022 年，猪肉、牛肉、羊肉、禽肉产量约 9227 万吨，同比增长约 3.8%。

粮食产品、畜产品等产量的总体提升趋势，助力我国农产品外贸依存度逐步降低。

（2）我国农产品生产能力逐步提升

近年来，我国加快提高农业生产能力，深入推进大豆和油料产能提升工程，推进大豆、玉米带状复合种植，支持东北、黄淮海地区粮豆轮作，稳步开发、利用盐碱地种植大豆。2022 年，小麦、玉米、豆类等单产增加，分别同比增长约 0.8%、2.3%、1.9%，稻谷、薯类单产略减，分别同比减少约 0.5%、0.2%。长期以来，豆类是我国亩产较少的粮食品类，产能提升有助于我国豆类产量提升。随着机械化应用的不断推进，我国大豆、玉米等产能有望进一步提高。

（3）大豆、玉米、肉食等仍存在一定缺口

我国谷物自给率已超 95%，稻谷及小麦自给率更是超 100%，基本实现谷物自给、口粮安全的目标，但粮食供求方面仍然存在结构性矛盾，如大豆自给率不足 20%。近年来，我国大豆进口量总体呈现增加态势，主要有两方面原因：一是我国大豆单位面积产量仍然较低，我国耕地面积有限，主要用于口粮作物种植，大豆主要满足榨油、饲料等需求，作为非口粮品类，种植面积较小；二是美国、巴西等国农业、畜牧业现代化水平较高，成本低，产量高，价格相对较低，因此，逐步形成大豆、玉米、肉类等出口优势。随着我国农产品生产结构的进一步优化、生产能力的进一步提升，我国农产品进口将向更加合理、安全的方向发展。

第二章

农产品物流高质量发展的必要性

交通运输为推进我国共同富裕提供着重要的支撑、保障作用。"要想富，先修路"，交通对欠发达地区经济发展起着关键性作用，交通发展具有公平性、普惠性，能充分体现对物资等要素流动的支持。

2.1 农产品物流高质量发展相关研究

当前，我国经济社会处于高质量发展阶段，居民消费水平日益提升，人们对农产品尤其生鲜农产品提出了更高品质的消费要求，随之对农产品物流等提出了优化升级需求。农产品物流服务与农产品流通过程密切相关，本章围绕农产品流通，包括农产品流通内涵、农产品流通体系演变、农产品流通系统、农产品流通主体、农产品流通效率及成本、新型农产品流通模式，以及农产品物流体系、物流设施、物流发展趋势等，对既有文献进行了梳理，初步从农产品生产、组织模式与流通等方面提出了未来农产品物流发展方向。

2.1.1 农产品流通相关研究

对农产品流通的研究主要集中在流通内涵、流通体系演变等方面。

1. 农产品流通内涵相关研究

国外对农产品流通内涵的研究起步较早，1901 年，国外就有学者对农产品流通进行了探讨，美国学者 John Crowell 在政府工作报告《农产品流通产业委员会报告》中首次系统论述了影响农产品配送的因素，提出了农产品物流的重要性。

Clark 等（1932）在其著作《农产品市场营销》中论述了农产品集聚、运输、标准化等方面的内容，总结了农产品物流创造市场价值、时效价值及场所价值的机理，进一步丰富了农产品流通内涵。

近年来，对农产品流通的探讨主要集中在农产品供应链方面，Marsden 等提倡要根据不同农产品的自然属性、市场需求来选择相应的农产品供应链模式，并且农产品生产地也是应该纳入考虑的重要因素。

2. 农产品流通体系演变相关研究

国内对农产品流通体系演变的研究主要集中于不同阶段不同流通组织模式研究方面，主要以农产品流通系统整体作为研究对象。

李碧珍（2008）主张将我国农产品流通分为 3 个阶段，分别为1949—1978 年的起步阶段、1978—1992 年的初步市场化阶段、1992

年至今加速发展的初级阶段，其认为不同发展阶段农产品物流系统主导的运行范式存在差异，我国农产品物流系统运行范式依次经历了计划主导模式、"双轨制"模式、多种方式并存的社会专业化物流模式等几个阶段。

曾欣龙等（2011）将我国农产品流通体系分为4个发展阶段——自由购销阶段、统购统销阶段、放开搞活阶段和深化改革阶段，并进一步提出了加强我国农产品流通体系建设的政策建议。

姜鹏（2014）将我国农产品物流体系演变分为5个阶段，即1949—1955年的自由流通阶段、1956—1977年的计划经济阶段、1978—1984年有计划的商品经济阶段、1985—1991年的"双轨制"经济阶段、1992年至今的自由经济阶段，他重点比较了不同阶段下农产品物流体系在流通主体、流通场所和流通规模方面的变化。

薛建强（2016）分析了我国自改革开放以来农产品流通体系发生的变革，指出由计划经济时代的"统购统销"发展到现在，我国以市场为主导，多元化、多渠道、多层次、多业态的农产品流通体系已经基本形成。

祁春节（2008）以制度变迁理论为基础，分析了我国农产品流通体系变革的进程，认为我国农产品流通体系变革是诱致性制度变迁与强制性制度变迁共同作用的结果。

3. 农产品流通系统相关研究

既有文献对农产品流通主体进行研究的比较多，当前我国主要的农产品流通模式是以中间商和批发市场为主导的传统模式，农产品流通主体研究主要涉及农户、农民专业合作社、批发市场、龙头企业、物流企业、超市等中介组织、流通组织和零售终端等。

贺盛瑜等（2016）认为农产品流通主要是立足于物流伙伴关系，借助物质流、能量流、资金流、信息流和知识流等手段，形成一种互利互惠的生态系统，主要包括基础设施网络、物流组织网络、物流信息网络和纵向物流需求网络、物流功能网络、目标客户网络等。

秦丽英（2013）认为农产品流通系统的构成要素按照不同的参照系可分为不同的类型。例如，按一般经济体系要素分为一般要素和社会公共要素；按流通系统的特点分为时空流动要素、资源性要素、网络要素；按物流的企业化经营分为基础性要素、经营组织和管理要素等。

朱自平（2009）认为农产品流通系统由作业系统和信息系统构成，是将农产品从生产、采购、批发、零售到消费全程的各个环节贯穿成一个具有协调性和配套性的有机整体。

郭丽华（2006）认为农产品流通系统由主体系统、客体系统和政府部门共同构成，是在政府统筹作用下，由农产品的供给方、中介组织、加工经销企业、消费者形成的一个产销一体化、农工商相结合的增值供应链。

李思聪（2014）聚焦于农产品冷链物流系统研究，其认为农产品冷链物流系统是横跨农业、工业和物流服务加工业等多个产业的复杂系统，涵盖以农户为源头到以消费者为末端的多个实体参与者，涉及流动的农产品、信息和资金等多个对象，由主体要素、流动要素和支撑要素构成。

4. 农产品流通主体

具体到农产品流通主体上，既有文献多以农产品批发市场为主要研究对象。

姚今观（1996）指出，农产品流通体制改革和建设的方向是建立以各类批发市场为主体、以各种直销形式为补充的农产品流通体系。

温思美等（2001）认为，农产品批发市场的建立和完善主要应从两方面进行，一方面是农产品的产地批发市场建设，另一方面是农产品的销地批发市场建设，其同时提出了"企业办市场、企业管市场、市场企业化"的农产品批发市场发展新思路。

聚焦到农产品批发市场主体上，马增俊（2014）认为，2009 年以后我国农产品批发市场进入集团化发展阶段，一些有实力的农产品批发市场通过兼并重组或投资合作的方式在全国范围内建设批发市场和农产品物流园区，改变了过去单体经营发展的模式。

孙本川（2016）认为，我国农产品批发物流市场经历了 5 个发展阶段：第一阶段是市场相对封闭、统购统销的停滞阶段（1949—1978 年）；第二阶段是农产品批发物流市场开始发展的萌芽阶段（1978—1984 年）；第三阶段是农产品批发市场蓬勃发展的兴起阶段（1985—1991 年）；第四阶段是以批发市场为中枢的农产品市场体系基本形成的发展阶段（1992—2000 年）；第五阶段是农产品批发市场由数量扩张转向质量完善的提升阶段（2001 年至今）。

当前我国形成了以多级批发市场为主要载体的流通主体，既有文献针对其中存在的问题提出了解决建议。

寇平君等（2002）分析了发达国家和地区的农产品流通主体，认为我国农产品流通主体存在着市场功能模糊、层级结构多、中间环节多等诸多问题。

张闯（2005）认为目前我国农产品流通渠道稳定性不足及效率不高等的原因是农产品流通渠道中权力结构过度失衡，而对这一问题的解决则有赖于农产品流通合作社规模与实力的壮大、农户组织化程度的提高以及政府的互补性制度安排。

郭晓鸣等（2007）研究了农户参与农产品流通的联结模式，对合作社一体化、中介组织联动型和龙头企业带动型3种不同模式进行了比较分析，认为合作社一体化模式更先进。

郭崇义（2009）以农产品流通实力为标准，将农产品流通主体分为4种类型，并进一步提出以龙头企业、合作社、批发市场等具有较强流通实力的流通主体为核心建立农产品流通主导模式的观点。

5. 农产品流通效率及流通成本相关研究

（1）农产品流通效率相关研究

既有文献也涉及农产品流通效率提升问题。

对农产品流通效率的评价，Samir（2017）使用标杆分析法，对比分析了突尼斯、摩洛哥、埃及、土耳其、西班牙和意大利在农产品价值链发展以及农产品供应链绩效方面的差异化表现，得出价值链成熟度与供应链绩效强关联、城市间农产品价值链的差异主要体现在对顾客需求的反应能力和技术改造能力方面的结论。

Christina（2018）提出，可通过建立农业合作社的方式，将分散的农户积聚起来，直接与市场对接，这样有利于保证农产品销路稳定，提高价格，提高农户收益，但是农村社会文明和农民文化水平不高以及管理不善会成为合作社稳定发展的隐患。

对流通效率影响因素方面的研究也有很多，Jones 早在 1963 年就提出农产品流通应纵向协调发展的观点，其主张加强从原料采购、产品加工、运输、存储到最终销售各环节间的联系，通过组织创新提高物流效率。

周立群等（2001）对农户和龙头企业之间的商品契约和要素契约进行了比较分析，指出专用性投资和市场在确保契约履行中具有重要作用，可以使龙头企业和农户之间的商品契约保持稳定，从而保证龙头企业长期支配农户的土地和劳动力要素，达到与要素契约相同的效果。

宋则（2012）基于空间和时间的维度研究了流通效率的本质，认为提升流通产业整体效率的有效途径是减少库存。

（2）农产品流通成本相关研究

农产品流通成本方面，生秀东（2008）运用事前交易费用和事后交易费用的概念，对交易费用进行了仔细划分，他重新解释了"公司农户"向"公司合作社农户"不断演进的现象。合作社可以同时减少农户的事前交易费用和事后交易费用，进而减少农户的总交易费用，也可以减少公司的交易费用。

6. 新型农产品流通模式相关研究

近年来，随着生鲜超市、农超对接、订单模式、生鲜电商等新业态的不断涌现，相关学者对传统批发市场之外的流通模式进行了探索。

Srimanee（2012）研究了泰国生鲜果蔬供应链的 5 种农超对接模式，结果显示，"农民合作社 + 超市"对接模式最有效。

部分学者针对我国生鲜农产品流通业态进行了研究，周洁红等（2004）将我国生鲜农产品零售的演进过程归纳为国营商业公司和供销合作社—农贸市场—普通超市生鲜区—生鲜超市，并指出生鲜超市逐步取代农贸市场和个体经营商贩是一种趋势。

邓涛（2006）认为我国生鲜零售业态经历了 4 个阶段，依次为 1949—1952 年灵活的自由购销阶段、1953—1978 年垄断的统购统销阶段、1979 年至 20 世纪末的农贸市场主导阶段、21 世纪以来的超市异军突起阶段。

张赞（2011）对我国农产品流通渠道终端变化进行了研究，指出我国农产品流通渠道终端经历了从国营商业公司和供销合作社，到农贸市场，再到普通超市和大卖场，最后到生鲜超市 4 个阶段的演变，现已形成农贸市场、普通超市、大卖场和生鲜超市并存竞争的局面，未来以生鲜超市为终端的现代化模式将取代现在以农贸市场为主导的传统模式。

随着电商等新型农产品流通模式的出现，新型农产品流通模式相关研究逐渐丰富起来。

胡天石（2005）研究了现代农产品流通中新兴的流通业态——农产品电子商务，其将我国既有农产品电子商务主要模式分为7种，分别为目录模式、信息中介模式、虚拟社区模式、网上商店模式、电子采购模式、价值链整合模式和第三方交易市场模式，他认为，在我国以中小型企业及农户企业为主的背景下，电子商务是未来发展的主流方向，第三方交易市场模式是适合我国现阶段的农产品电子商务模式。第三方交易市场模式能够为大宗农产品交易提供平台，解决小企业资金不足、生产规模小、人才缺乏、营销渠道过窄等问题，并具有较强的匹配能力，能够有效降低交易成本。

赵苹（2011）认为，农产品电子商务应由整个农产品生产、流通供应链上各个环节共同组成，形成整个流程的闭环运作，真正实现产供销对接。

电商发展过程中也遇到了一些问题，虽然平台、超市和农业基地纷纷涌入，但大都运行困难，倒闭率较高。农产品电子商务涉及农业生产、加工、物流、营销及网站建设等多个方面，经营难度较大，政府扶持与监管困难。

张夏恒（2014）认为，生鲜电商需要适时利用国家政策和措施，推动全程冷链物流的建设。

刘建鑫（2016）指出我国生鲜农产品电子商务发展面临冷链物流短板问题，生鲜电商供应链较"脆弱"、成本较高，基层建设推进速度相对缓慢，他建议：实施重点扶持政策，以推动生鲜农产品电子商务和冷链物流发展；加强生鲜农产品标准化、品牌化建设，改造生鲜电商供应链；加强生鲜农产品电子商务基础设施建设，降低生鲜电商成本；培养现代农民和农产品电子商务人才，以促进和保障生鲜农产品电子商务健康持续发展。

郑红明（2016）研究了政府导向的农产品电子商务模式，认为如果缺少政府支持，电子商务形成规模的时间将会延长。

针对农产品新型流通模式，李玲（2016）提出，随着农产品直销生产商规模化和专业化水平的提高，便利的交通条件和通达的物流体系助力人口集聚并释放充分的单元市场规模，进而将促进农产品直销模式的快速发展。

7. 农产品流通发展方向相关研究

既有文献对国外农业发展趋势、农产品生产组织模式等进行了研究，具有一定的借鉴意义。

薛建强（2014）分析了发达国家农产品流通经验，研究了农户选择不同农产品流通模式的影响因素，探讨了农民专业合作社介入的农产品流通模式，他认为，以农民专业合作社为主导的农产品流通模式，通常能够提高组织内社员的收益，农户通过农民合作组织销售农产品，可有效降低交易成本，保持较高的流通效率水平。

崔鲜花（2019）研究了韩国农村产业融合发展的经验以及对我国的借鉴意义，总结了韩国通过农产品加工和制造、扩大产地直销等途径提高农业发展质量并将农业产业链前后延伸到工业和服务业的发展经验，其认为我国应学习韩国农村产业融合发展的先进经验，如重视相关法律法规体系的构建、推出差异化管理策略、有效保障经营主体权益等，建议我国加快构建相关法律法规体系、创新政府管理体制、加大相关政策扶持力度、努力开展深层次的农村产业融合发展、积极培育新型农业经营主体、突破农村地区要素瓶颈制约、在农户与企业间建立紧密型利益联结机制。

2.1.2 农产品物流相关研究

我国与农产品物流相关的研究成果较为丰富，主要集中于物流体系、物流设施、物流服务、物流发展趋势等方面。

1. 物流体系相关研究

物流体系方面，既有文献对农产品物流发展阶段进行了划分。

赵晓飞（2012）将我国农产品物流发展过程划分为 3 个阶段，依次是传统计划经济阶段、市场化改革阶段、入世后改革阶段，他分析了 3 个发展阶段渠道模式、渠道结构、渠道关系、渠道主体、渠道终端和交易方式的发展变化，得出以下结论：我国农产品物流渠道模式呈现出交叉错位式发展和选择性替代式变革规律；渠道结构由线性结构向网状结构发展；渠道关系日益紧密；渠道主体更加多元；渠道终端由单一转向复合；交易方式实现了由指令性交易到对手交易再到多方式交易的渐进式转变。

钟诚（2017）指出我国农产品物流主要经历了自营、联盟、合作、外包 4 个发展阶段，不同阶段物流模式、基础性要素和经营管理要素存在较大差距。

基于我国生鲜农产品物流演变过程，刘冬梅（2014）认为我国农产品物流发展应该划分为 4 个阶段，第一阶段（1978—1984 年）

是集贸市场主导型物流模式，第二阶段（1985—1991 年）是批发市场主导型物流模式，第三阶段（1992—1997 年）是契约型物流主导模式，第四阶段（1998 年至今）是第三方物流主导型模式。

胡华平（2011）从营销渠道的角度出发，将我国农产品物流系统演化划分为有计划的营销渠道、传统化的营销渠道、有组织的营销渠道 3 个阶段，营销渠道经历了结构扁平化、组织多元化、职能扩大化的演变过程。

毕玉平（2010）基于物流模式的分析视角绘制了我国生鲜农产品演化的路径，即逐渐由交易主导的配套形式转变为服务主导的专业物流形式，由以批发市场为主导的物流模式，到以生产加工企业为主导的物流模式，到以连锁超市为主导的物流模式，再到以第三方物流（物流配送企业）为主导的物流模式，最后到第四方物流模式（提供全流程的物流方案）。

何妍（2018）从绿色消费角度出发，对生鲜农产品冷链物流体系建设存在的问题进行了深入分析，认为应采取多种措施，构建更加完善的生鲜农产品冷链物流体系。

王渝博等（2019）整理出单元化军事物流相关标准，并在此基础上遵循标准体系构建原则，提出了单元化军事物流标准体系构建框架，其研究为单元化军事物流标准体系研究工作提供了依据。

2. 物流设施相关研究

物流设施的完善通常离不开科学技术的应用，皇甫军红（2013）聚焦社区农产品配送问题，建议社区积极构建农产品直销通道，搭建全国性农产品电子商务交易平台，建造现代化农产品配送中心，结合城市交通特点和农产品特征合理选择社区农产品配送车辆。

郎庆喜（2015）从供应链角度对我国城乡统筹背景下的农产品运作模式进行了创新，他认为，应构建一个基于信息平台，能够将农产品生产主体、流通主体、消费主体等各个节点联系起来的网络，以实现信息、资金及物资的高效传递、流通。

在生鲜农产品流通安全方面，Beulens（2005）提出，应提高农产品供应链的透明度以降低食品安全风险发生的可能性，这需要管理层面的高度重视和信息技术的有力支持，他指出，全程冷链需要借助 RFID① 等高技术手段来实现运输和存储过程中的温度控制，生鲜农产品供应链可追溯系统的建立能够进一步保障农产品在流通过程中的品质，延长农产品货架期，但预期效益不高、投入高以及面临技术挑战等是影响可追溯系统建立的主要因素。

Ding（2014）提出供应链各主体间的战略联盟、共享信息、相互信任和承诺均与食品质量显著相关，物流全程各主体的纵向一体化能够有效降低道德风险，减少食品安全风险。

具体到中微观物流层面，部分学者对不同范围内物流设施布局、分布等进行了定量研究。

杨蕾（2011）分析了城市群范围内农产品物流节点布局优化问题，认为应基于中心城市优化区域农产品物流系统空间布局战略，并建立了相应的区域农产品物流系统评价指标体系，以此实现区域

---

① Radio Frequency Identification，射频识别。

农产品物流发展的协调合作。

李慧（2014）以省为研究对象，选择出适合建立农产品物流园区、农产品物流中心和配送中心的若干城市，基于 PEST[①] 分析模型建立了节点城市物流综合水平评价体系。

杨平等（2011）提出了一个由省、市、县、乡镇构成的四级农产品批发市场布局方案，其认为乡镇级市场应以集贸市场为主，县应设立小型综合批发市场，各地级市应设立规模相对较大的专业性批发市场，省会应设立至少 3 家综合市场和 1 家规模较大的中心级批发市场。

黄修贤（2017）运用灰色预测模型、最优化方法等，以环首都 1 小时鲜活农产品流通圈为例，计算得出应规划的物流园区数量及区位。

3. 物流发展趋势相关研究

在对未来发展预测方面，刘刚（2015）认为，我国鲜活农产品流通整体会朝着流通渠道多元化、流通主体规模化和组织化、交易方式多元化、流通服务现代化的趋势发展。

洪岚（2015）分析、总结了近年来我国城市农产品物流的发展变化，指出我国城市农产品流通中交易方式将日益电子化、现代化，农产品流通企业经营一体化趋势将更加明显，人们将更加重视食品

---

① P——Politics（政治）、E——Economy（经济）、S——Society（社会）、T——Technology（技术）。

质量安全和农产品物流服务的绿色化。

施先亮（2015）指出未来农产品物流主要呈现园区主导产业融合、电子商务化、农宅对接、"最后一公里"配送智能化趋势。

4. 物流发展对策、建议

王志国（2016）认为生鲜农产品物流系统服务水平主要受物流技术创新与应用、物流组织制度变革的影响，其中冷链物流系统服务水平主要受冷链物流设备设施、冷链第三方物流规模与运营能力、冷链标准体系的完备与执行情况影响，三者之间相互影响、互相制约，共同支配着冷链物流系统的协同进程。

针对行业广泛存在的问题，汪苗苗（2020）指出目前我国农产品物流存在物流系统不完善、冷链物流效率低、物流成本居高不下、物流过程产品损耗大等问题，并提出了加大物流基础设施投入、完善冷链物流系统、规范生鲜农产品电商流通体系、形成政府政策保障机制、积极推动专业人才培养等建议。

刘书艳（2016）指出我国农产品物流存在的问题主要包括基础设施薄弱、物流成本居高不下、物流主体发展不完善、冷链物流断链现象严重、信息化程度较低等，其认为应构建农产品物流现代化与农业产业化和城镇化的协同促进机制，建议从完善农产品物流基础设施、发展专业化的农产品物流主体、搭建农产品物流信息化服务平台和提高农民现代物流意识、推广农超对接模式等方面入手发展农产品物流。

胡江虹等（2018）分析了我国区域农产品物流体系的发展现状

及存在的问题，并针对构建农产品物流体系提出了合理建议。

邱昭睿（2014）主张农产品流通模式从生产到销售都要符合城镇化进程，并从农产品生产、流通、零售以及政府作用4个方面入手，对农产品流通模式提出了针对性的政策建议。

周晓晔等（2016）在分析新、旧农产品物流模式的基础上，基于沈阳各区的城镇化发展水平，分别为各区匹配了最合适的农产品物流模式，其认为应该在城镇化水平不同的地区采取不同的农产品物流模式。

李玲（2016）认为在新型城镇化背景下应该大力发展农超对接、农社对接等农产品直销模式。

杨佩蓉（2020）分析了国内基本的智慧物流发展模式，并主张以大数据为基础构建智慧物流体系。

彭芬（2009）研究了农产品物流组织模式演进的根本动力，提出以下观点：生产与消费的矛盾是农产品物流组织模式演进的核心动因；收益预期、竞争、分工与合作起到带动作用；经济体制、产业政策、经济技术发展起到加速或阻碍作用。

隋博文（2015）指出农产品物流模式是农产品流通理论发展、流通主体选择、流通政策规制、技术进步等共同作用的结果。

程言清等（2002）分析了不同农产品流通主体以及它们之间的关系，认为物流技术创新和超市壮大对农产品流通发展具有重要作用。

朱学新（2005）研究了降低农产品交易费用的制度选择问题，认为中介组织是农产品流通中交易费用最低的一种制度安排，而农村经纪人比农民合作经济组织和农村专业技术协会更有助于降低交易费用。

李春成（2006）指出高效、畅通的农产品流通体系应该以批发交易市场为中心、以新型农贸超市为主干。

孟雷（2013）提出，应该提高物流主体的组织化和专业化水平，积极发展第三方农产品物流服务，完善农产品物流基础设施，建立流通数据库和信息共享平台，加大政府扶持力度。

王静（2015）认为应建立高铁效应下的铁路冷链物流结构。

石岿然（2017）指出，在"互联网＋"大背景下，农超对接这种供应链模式更具生命力，具有较大发展潜力，应予以大力支持。

孟志兴（2012）在分析发达国家农产品物流发展基础上，主张尽可能减少流通环节，大力发展农超对接等产销一体化模式。

卢奇等（2017）主张推行"少环节、信息共享、供需对接、产销衔接"的新型"农消对接"农产品流通方式，即以区域地标农产品流通为流动主体，在上游打造以农户或农合组织为主体、以产品经理为代表的特色农产品产地直供形式，在下游形成以订单为驱动、以城乡网络实体店为体验的销售模式，同时搭建现代化信息平台，促进区域范围内优质特色农产品供需及配送信息交换和共享。

邬文兵等（2017）从农产品自组织演化特征视角进行研究，指出应通过增强农产品物流系统开放性、鼓励多元化运作模式、加强主体沟通、创新冷链技术等方式保障并加快我国农产品物流系统自组织演化进程。

2.2 我国政策支持情况

2.2.1 国家层面农产品物流的支持政策汇总

2018 年 4 月,《商务部办公厅 中华全国供销合作总社办公厅关于深化战略合作 推进农村流通现代化的通知》提出,"加快推进农产品和农村现代市场体系建设,创新流通服务方式,培育现代化新型流通主体,畅通城乡流通渠道,加快建立覆盖城乡、线上线下融合发展的农产品和农村现代流通网络""加强城乡物流体系建设,带动城乡融合发展。发挥物流连接城乡纽带作用,促进生产要素、商品在城乡间交换和流动,带动城乡融合发展。商务主管部门探索创新供应链管理模式和机制,支持供销合作社开展物流标准化、冷链信息化体系和食用农产品、食品等追溯体系建设。供销合作社适应全渠道流通和供应链深度融合新趋势,加快完善城乡物流网络节点,优化仓储配送网点布局,促进地区、城乡网络衔接;发展集约化、标准化的质量检测、包装赋码、仓储配送、质量追溯等服务,推动各类配送中心开放共享,集约利用物流资源,提高流通效率"。

2019 年 3 月,国家发展改革委发布《关于推动物流高质量发展促进形成强大国内市场的意见》,提出"要把推动物流高质量发展作为当前和今后一段时期改善产业发展和投资环境的重要抓手,培育经济发展新动能的关键一招,以物流高质量发展为突破口,加快推动提升区域经济和国民经济综合竞争力"，这在国家政策层面把物流行业发展提升到新的高度。

2020年4月，农业农村部发布《农业农村部关于加快农产品仓储保鲜冷链设施建设的实施意见》，提出"聚焦鲜活农产品产地'最初一公里'，以鲜活农产品主产区、特色农产品优势区和贫困地区为重点，坚持'农有、农用、农享'的原则，依托家庭农场、农民合作社开展农产品仓储保鲜冷链设施建设，进一步降低农产品损耗和物流成本，推动农产品提质增效和农业绿色发展，促进农民增收和乡村振兴，持续巩固脱贫攻坚成果，更好地满足城乡居民对高质量农产品的消费需求"。

2020年5月，国务院办公厅转发国家发展改革委、交通运输部《关于进一步降低物流成本实施意见的通知》，文件提出要"严格落实鲜活农产品运输'绿色通道'政策，切实降低冷鲜猪肉等鲜活农产品运输成本"。

2021年8月，商务部等九部门印发《商贸物流高质量发展专项行动计划（2021—2025年）》，提出"鼓励有条件的企业发展冷链物流智能监控与追溯平台，建立全程冷链配送系统""优化商贸物流网络布局。加强商贸物流网络与国家综合运输大通道及国家物流枢纽衔接，提升全国性、区域性商贸物流节点城市集聚辐射能力"。

2021年11月，国务院印发《"十四五"推进农业农村现代化规划》，提出"加快建设产地贮藏、预冷保鲜、分级包装、冷链物流、城市配送等设施，构建仓储保鲜冷链物流网络"。

同月，国务院办公厅印发《"十四五"冷链物流发展规划》，提出"到 2025 年，初步形成衔接产地销地、覆盖城市乡村、联通国内国际的冷链物流网络，基本建成符合我国国情和产业结构特点、适应经济社会发展需要的冷链物流体系，调节农产品跨季节供需、支撑冷链产品跨区域流通的能力和效率显著提高，对国民经济和社会发展的支撑保障作用显著增强"。

2022 年 1 月，国家发展改革委发布《"十四五"现代流通体系建设规划》，针对农产品流通体系明显落后等问题，提出"完善农产品现代流通网络。依托农产品主产地、主销区、集散地，支持全国骨干农产品批发市场建设，重点加快中西部及东北地区农产品主产区市场建设。加快田间地头流通设施建设，推进农产品产地市场、集配中心和低温加工处理中心改造升级，加快农产品运输、仓储设施专业化改造，提高农产品商品化处理能力。支持农产品流通企业配备冷链物流设备装备，建设服务城市消费的'中央厨房'等设施，提高农产品冷链物流能力和标准化水平。加强农产品产销对接，畅通供需渠道，保障农产品市场供应充足、价格平稳"。

同年 5 月，国务院办公厅印发《"十四五"现代物流发展规划》，提出"推进公益性农产品市场和农产品流通骨干网络建设""加快工业品下乡、农产品出村双向物流服务通道升级扩容、提质增效""推动农产品品牌打造和标准化流通，创新物流支持农村特色产业品质化、品牌化发展模式，提升农业产业化水平"。

2.2.2 国家层面对农产品物流的支持政策

1. 重要物流设施相关规划

2020 年 5 月，国务院办公厅转发国家发展改革委、交通运输部《关于进一步降低物流成本的实施意见》（见专栏 2 - 1）。

> **专栏 2 - 1 《关于进一步降低物流成本的实施意见》（节选）**

推进物流基础设施网络建设。研究制定 2021—2025 年国家物流枢纽网络建设实施方案，整合优化存量物流基础设施资源，构建"通道 + 枢纽 + 网络"的物流运作体系，系统性降低全程运输、仓储等物流成本。（国家发展改革委、交通运输部负责）继续实施示范物流园区工程，示范带动骨干物流园区互联成网。（国家发展改革委、自然资源部负责）布局建设一批国家骨干冷链物流基地，有针对性补齐城乡冷链物流设施短板，整合冷链物流以及农产品生产、流通资源，提高冷链物流规模化、集约化、组织化、网络化水平，降低冷链物流成本。（国家发展改革委负责）加强县乡村共同配送基础设施建设，推广应用移动冷库等新型冷链物流设施设备。

2021 年 11 月，国务院印发《"十四五"推进农业农村现代化规划》，提出"加快建设产地贮藏、预冷保鲜、分级包装、冷链物流、城市配送等设施，构建仓储保鲜冷链物流网络"（见专栏 2 - 2）。

专栏 2 - 2　《"十四五"推进农业农村现代化规划》（节选）

加强特色农产品优势区建设。发掘特色资源优势，建设特色农产品优势区，完善特色农产品优势区体系。强化科技支撑、质量控制、品牌建设和产品营销，建设一批特色农产品标准化生产、加工和仓储物流基地，培育一批特色粮经作物、园艺产品、畜产品、水产品、林特产品产业带。

建设农村物流体系。完善县乡村三级物流配送体系，构建农村物流骨干网络，补齐物流基地、分拨中心、配送站点和冷链仓储等基础设施短板，加大对公用型、共配型场站设施的政策支持力度。改造提升农村寄递物流基础设施，推进乡镇运输服务站建设，改造提升农贸市场等传统流通网点。打造农村物流服务品牌，创新农村物流运营服务模式，探索推进乡村智慧物流发展。

2. 农产品物流设施建设相关规划

2020 年 4 月，农业农村部发布《农业农村部关于加快农产品仓储保鲜冷链设施建设的实施意见》（见专栏 2 - 3）。

专栏2－3 《农业农村部关于加快农产品仓储保鲜冷链设施建设的实施意见》（节选）

2020 年，重点在河北、山西、辽宁、山东、湖北、湖南、广西、海南、四川、重庆、贵州、云南、陕西、甘肃、宁夏、新疆16 个省（区、市），聚焦鲜活农产品主产区、特色农产品优势区和贫困地区，选择产业重点县（市），主要围绕水果、蔬菜等鲜活农产品开展仓储保鲜冷链设施建设，根据《农业农村部、财政部关于做好2020 年农业生产发展等项目实施工作的通知》（农计财发〔2020〕3 号）要求，鼓励各地统筹利用相关资金开展农产品仓储保鲜冷链设施建设。鼓励贫困地区利用扶贫专项资金，整合涉农资金加大专项支持力度，提升扶贫产业发展水平。有条件的地方发行农产品仓储保鲜冷链物流设施建设专项债。实施区域向"三区三州"等深度贫困地区倾斜。鼓励其他地区因地制宜支持开展仓储保鲜冷链设施建设。

新型农业经营主体根据实际需求选择建设设施类型和规模，在产业重点镇和中心村鼓励引导设施建设向田头市场聚集，可按照"田头市场＋新型农业经营主体＋农户"的模式，开展仓储保鲜冷链设施建设。

（1）节能型通风贮藏库。在马铃薯、甘薯、山药、大白菜、胡萝卜、生姜等耐贮型农产品主产区，充分利用自然冷源，因地制宜建设地下、半地下贮藏窖或地上通风贮藏库，采用自然通风和机械通风相结合的方式保持适宜贮藏温度。

（2）节能型机械冷库。在果蔬主产区，根据贮藏规模、自然气候和地质条件等，采用土建式或组装式建筑结构，配备机械制冷设备，新建保温隔热性能良好、低温环境适宜的冷库；也可对闲置的房屋、厂房、窑洞等进行保温隔热改造，安装机械制冷设备，改建为冷库。

（3）节能型气调贮藏库。在苹果、梨、香蕉和蒜薹等呼吸跃变型果蔬主产区，建设气密性较高、可调节气体浓度和组分的气调贮藏库，配备碳分子筛制氮机、中空纤维膜制氮机、乙烯脱除器等专用气调设备，对商品附加值较高的产品进行气调贮藏。

根据产品特性、市场和储运的实际需要，规模较大的仓储保鲜冷链设施，可配套建设强制通风预冷、差压预冷或真空预冷等专用预冷设施，配备必要的称量、除土、清洗、分级、愈伤、检测、干制、包装、移动式皮带输送、信息采集等设备以及立体式货架。

2021 年 8 月，商务部等九部门印发《商贸物流高质量发展专项行动计划（2021—2025 年)》（见专栏 2 - 4）。

专栏 2 - 4 《商贸物流高质量发展专项行动计划（2021—2025 年）》（节选）

加快推进冷链物流发展。加强冷链物流规划，布局建设一批国家骨干冷链物流基地，支持大型农产品批发市场、进出口口岸等建设改造冷冻冷藏仓储设施，推广应用移动冷库、恒温冷藏车、冷藏箱等新型冷链设施设备。改善末端冷链设施装备，提高城乡冷链设施网络覆盖水平。

统筹推进城市商业设施、物流设施、交通基础设施规划建设和升级改造，优化综合物流园区、配送（分拨）中心、末端配送网点等空间布局。加强县域商业体系建设，健全农村商贸服务和物流配送网络。

建设城乡高效配送体系。强化综合物流园区、配送（分拨）中心服务城乡商贸的干线接卸、前置仓储、分拣配送能力，促进干线运输与城乡配送高效衔接。鼓励有条件的城市搭建城乡配送公共信息服务平台，推动城乡配送车辆"统一车型、统一标识、统一管理、统一标准"。引导连锁零售企业、电商企业等加快向农村地区下沉渠道和服务，完善县乡村三级物流配送体系，实施"快递进村"工程，促进交通、邮政、商贸、供销、快递等资源开放共享，发展共同配送。

2022年，国家发展改革委印发《"十四五"现代物流发展规划》（见专栏2-5），针对农产品物流设施，该规划设计了"冷链物流基础设施网络提升工程"专栏。

专栏2-5　《"十四五"现代物流发展规划》（节选）

完善冷链物流设施网络。发挥国家物流枢纽、国家骨干冷链物流基地的资源集聚优势，引导商贸流通、农产品加工等企业向枢纽、基地集聚或强化协同衔接。加强产销冷链集配中心建设，提高产地农产品产后集散和商品化处理效率，完善销地城市冷链物流系统。改善机场、港口、铁路场站冷链物流配套条件，健全冷链集疏运网络。加快实施产地保鲜设施建设工程，推进田头小型冷藏保鲜设施等建设，加强产地预冷、仓储保鲜、移动冷库等产地冷链物流设施建设，引导商贸流通企业改善末端冷链设施装备条件，提高城乡冷链设施网络覆盖水平。

提高冷链物流质量效率。大力发展铁路冷链运输和集装箱公铁水联运，对接主要农产品产区和集散地，创新冷链物流干支衔接模式。发展"生鲜电商＋产地直发"等冷链物流新业态新模式。推广蓄冷箱、保温箱等单元化冷链载器具和标准化冷藏车，促进冷链物流信息互联互通，提高冷链物流规模化、标准化水平。依托国家骨干冷链物流基地、产销冷链集配中心等大型冷链物流设施，加强生鲜农产品检验检疫、农兽药残留及防腐剂、保鲜剂、添加剂合规使用等质量监管。研究推广应用冷链道路运输电子运单，加强产品溯源和全程温湿度监控，将源头至终端的冷链物流全链条纳入监管范围，提升冷链物流质量保障水平。健全进口冷链食品检验检疫制度，筑牢疫情外防输入防线。

国家骨干冷链物流基地建设工程。到 2025 年，面向农产品优势产区、重要集散地和主销区，依托存量冷链物流基础设施群布局建设 100 个左右国家骨干冷链物流基地，整合集聚冷链物流市场供需、存量设施以及农产品流通、生产加工等上下游产业资源，提高冷链物流规模化、集约化、组织化、网络化水平。探索建立以国家骨干冷链物流基地为核心的安全检测、全程冷链追溯系统。

产地保鲜设施建设工程。到 2025 年，在农产品主产区和特色农产品优势产区支持建设一批田头小型冷藏保鲜设施，推动建设一批产地冷链集配中心，培育形成一批一体化运作、品牌化经营、专业化服务的农产品仓储保鲜冷链物流运营主体，初步形成符合我国国情的农产品仓储保鲜冷链物流运行模式，构建稳定、高效、低成本运行的农产品出村进城冷链物流网络。

2022 年 1 月，国家发展改革委印发《"十四五"现代流通体系建设规划》，针对农产品物流设施，该规划提出健全冷链物流设施体系、加强城乡末端通行管理、现代商贸流通体系升级行动等内容（见专栏 2-6）。

专栏 2-6 《"十四五"现代流通体系建设规划》（节选）

健全冷链物流设施体系。推进国家骨干冷链物流基地布局建设，加强与国家物流枢纽运行衔接，构建冷链物流骨干网络。加强农产品产地预冷、分拣包装、移动冷库等设施建设，补齐生鲜农产品流通"最先一公里"短板，提高商品化处理水平；加强销地高标准冷库和冷链分拨配送设施建设，推动农产品批发市场以及商超等零售网点冷链物流设施改造升级，推广新能源配送冷藏车，提高"最后一公里"冷链物流服务效率。加大冷链物流全流程监管力度，消除

"断链"隐患，减少生鲜农产品流通领域损耗，保障食品安全。严格落实疫情防控要求，健全进口冷链食品检验检疫制度。

加强城乡末端通行管理，保障粮食、蔬菜等农产品以及饲料、农资等稳定供应。强化应急物流体系对产业备份系统的支撑保障，提升产能储备投产转化、快速转运能力。

完善城乡融合交通网络。统筹城乡交通网络整体布局和一体建设，为农产品进城和工业品下乡双向流通提供基础支撑。重点补齐县城交通网络短板，强化县域流通承载能力，推进市政道路、农村公路与高速公路、国省干线公路等衔接联通，加强中西部与东北地区特别是边疆地区偏远县城乡镇及特色农产品主产区通用机场建设和功能完善，统筹谋划西部边疆铁路网建设。全面推进"四好农村路"建设，加强通村畅乡农村公路建设，支持村内道路建设与改造，着力打通农村公路"最后一公里"。加快乡村产业路和资源路建设，有效串接田头市场、家庭农场以及供销、邮政快递等网点。在有条件的地区推进具备农林作业、应急救援、防灾减灾等功能的通用航空设施建设，在有需求的农村地区加强停车场等配套设施建设。

现代商贸流通体系升级行动。农产品产地市场提升行动。在农产品主产区，结合产业发展，省部共建一批全国性农产品产地市场，推动发展一批区域性农产品产地市场，支持建设一批田头市场，加强流通基础设施建设，补齐农产品出村进城短板。县域商业建设行动。以渠道下沉为主线，建立完善县域统筹、以县城为中心、乡镇为重点、村为基础的商业体系，畅通工业品下乡、农产品进城双向渠道。提升农产品流通效率，促进农村消费升级。乡村供销双促行动。支持供销合作社系统完善并推进"新网工程",促进废旧家电等再生资源、农产品上行,促进工业品、农资等下行,建设县乡村三级综合为农服务体系。

3. 冷链物流体系总体规划

国家层面高度重视农产品物流发展。2021年11月,国务院办公厅印发《"十四五"冷链物流发展规划》,提出到2035年,全面建成现代冷链物流体系,设施网络、技术装备、服务质量达到世界先进水平,行业监管和治理能力基本实现现代化,有力支撑现代化经济体系建设,有效满足人民日益增长的美好生活需要(见专栏2-7)。

专栏2-7 《"十四五"冷链物流发展规划》(节选)

发展目标

基础设施更加完善。依托农产品优势产区、重要集散地和主销区,布局建设100个左右国家骨干冷链物流基地;围绕服务农产品产地集散、优化冷链产品销地网络,建设一批产销冷链集配中心;聚焦产地"最先一公里"和城市"最后一公里",补齐两端冷链物流设施短板,基本建成以国家骨干冷链物流基地为核心、产销冷链集配中心和两端冷链物流设施为支撑的三级冷链物流节点设施网络,支撑冷链物流深度融入"通道＋枢纽＋网络"现代物流运行体系，与国家物流网络实现协同建设、融合发展。

发展质量显著提高。冷链物流规模化组织效率大幅提升，成本水平显著降低。精细化、多元化、品质化冷链物流服务能力显著增强，形成一批具有较强国际竞争力的综合性龙头企业。冷链物流技术装备水平显著提升，冷库、冷藏车总量保持合理稳定增长，区域分布更加优化、功能类型更加完善。冷链物流标准化、智慧化、绿色化水平明显提高。冷链物流温度达标率全面提高，国家骨干冷链物流基地冷库设施温度达标率达到国际一流水平。肉类、果蔬、水产品产地低温处理率分别达到85%、30%、85%，农产品产后损失和食品流通浪费显著减少。

现代冷链物流体系总体布局

打造"321"冷链物流运行体系。完善国家骨干冷链物流基地布局，加强产销冷链集配中心建设，补齐两端冷链物流设施短板，夯实冷链物流运行体系基础，加快形成高效衔接的三级冷链物流节点；依托国家综合立体交通网，结合冷链产品国内国际流向流量，构建服务国内产销、国际进出口的两大冷链物流系统；推进干支线物流和两端配送协同运作，建设设施集约、运输高效、服务优质、安全可靠的国内国际一体化冷链物流网络。"三级节点、两大系统、一体化网络"融合联动，形成"321"冷链物流运行体系。

构建冷链物流骨干通道。结合我国冷链产品流通和进出口主方向，串接京津冀、长三角、珠三角、成渝、长江中游等城市群与西北、西南、东南沿海、中部、华东、华北、东北等农产品主产区,建设北部、鲁陕藏、长江、南部等"四横"冷链物流大通道,以及西部、二广、京鄂闽、东部沿海等"四纵"冷链物流大通道,形成内外联通的"四横四纵"国家冷链物流骨干通道网络,发挥通道沿线国家骨干冷链物流基地、产销冷链集配中心基础支撑作用,提升相关口岸国内外冷链通道衔接和组织能力。提高国家骨干冷链物流基地间供应链协同运行水平,推动基地间冷链物流规模化、通道化、网络化运行。引导冷链物流要素和上下游产业沿通道集聚发展,加强设施联动、信息联通、标准衔接,推动形成冷链物流产业走廊。

健全冷链物流服务体系。聚焦"6+1"重点品类(肉类、水果、蔬菜、水产品、乳品、速冻食品等主要生鲜食品以及疫苗等医药产品),分类优化冷链服务流程与规范,提升专业化冷链物流服务能力。完善仓储、运输、流通加工、分拨配送、寄递、信息等冷链服务功能,强化一体化服务能力,打造运转顺畅的供应链,支撑冷链产品产销精准高效对接。丰富数字化、智慧化技术应用场景,深化冷链物流与相关产业融合发展,推动冷链物流业态、模式、组织与技术创新,提升协同化、平台化服务水平,拓展上下游产业价值空间。

4. 国家骨干冷链物流基地建设工作

2020 年 7 月,国家发展改革委印发《关于做好 2020 年国家骨干冷链物流基地建设工作的通知》(发改经贸〔2020〕1066 号),提出国家骨干冷链物流基地是国家布局建设、面向高附加值生鲜农产品优势产区和集散地，依托存量冷链物流基础设施群建设的重大冷链物流基础设施，是国家骨干冷链物流设施网上的重要节点。同时，发布了 2020 年国家骨干冷链物流基地建设名单，布局建设了国家首批 17 个国家骨干冷链物流基地（见表 2 - 1），要求入选建设名单的国家骨干冷链物流基地进一步加强冷链物流设施设备改造，促进业务流程和经营模式创新，不断提高冷链物流服务能力和效率，发挥好示范引领作用，结合实际先行先试，为以后年度国家骨干冷链物流基地建设探索经验，重点从能力提升、资源整合、互联互通、规范发展、食品安全等方面做好国家骨干冷链物流基地建设工作，为提高冷链物流发展水平，培育新的经济增长点，促进形成强大国内市场奠定坚实基础，为"一带一路"建设、长江经济带建设等重大国家战略以及脱贫攻坚提供有力支撑。

表 2 - 1　　　　　2020 年国家骨干冷链物流基地建设名单

所在地	国家骨干冷链物流基地
北京	平谷国家骨干冷链物流基地
山西	晋中国家骨干冷链物流基地
内蒙古	巴彦淖尔国家骨干冷链物流基地
辽宁	营口国家骨干冷链物流基地
江苏	苏州国家骨干冷链物流基地
浙江	舟山国家骨干冷链物流基地
安徽	合肥国家骨干冷链物流基地
福建	福州国家骨干冷链物流基地

续　表

所在地	国家骨干冷链物流基地
山东	济南国家骨干冷链物流基地
河南	郑州国家骨干冷链物流基地
湖北	武汉国家骨干冷链物流基地
湖南	怀化国家骨干冷链物流基地
广东	东莞国家骨干冷链物流基地
四川	自贡国家骨干冷链物流基地
云南	昆明国家骨干冷链物流基地
陕西	宝鸡国家骨干冷链物流基地
青岛	西海岸新区国家骨干冷链物流基地

2021 年 12 月，国家发展改革委印发《国家骨干冷链物流基地建设实施方案》，提出到 2025 年，布局建设 100 个左右国家骨干冷链物流基地，基本建成以国家骨干冷链物流基地为核心、产销冷链集配中心和两端冷链物流设施为支撑的三级冷链物流节点设施网络；推动基地互联成网，加强与产销冷链集配中心等的高效联通，构建干支线运输和两端集配一体化运作的区域冷链物流服务网络；重点依托 106 个城市开展基地布局建设，重点面向农产品优势产区、主要集散地和主销区打造国家层面的骨干冷链物流基础设施网络，整合集聚冷链物流资源，促进冷链物流与相关产业深度融合、集群发展，为构建新发展格局奠定坚实基础。2022 年 10 月，发布了 2022 年国家骨干冷链物流基地建设名单（见表 2-2）。

表 2 - 2   2022 年国家骨干冷链物流基地建设名单

所在地	国家骨干冷链物流基地
天津	滨海新区中心渔港国家骨干冷链物流基地
河北	保定国家骨干冷链物流基地
内蒙古	呼和浩特国家骨干冷链物流基地
辽宁	沈阳国家骨干冷链物流基地
吉林	四平国家骨干冷链物流基地
黑龙江	哈尔滨国家骨干冷链物流基地
上海	临港新片区国家骨干冷链物流基地
江苏	常州国家骨干冷链物流基地
浙江	嘉兴国家骨干冷链物流基地
安徽	蚌埠国家骨干冷链物流基地
山东	威海国家骨干冷链物流基地
河南	商丘国家骨干冷链物流基地
湖北	宜昌国家骨干冷链物流基地
湖南	长沙国家骨干冷链物流基地
广东	江门国家骨干冷链物流基地
广西	玉林国家骨干冷链物流基地
重庆	沙坪坝国家骨干冷链物流基地
四川	成都国家骨干冷链物流基地
贵州	贵阳国家骨干冷链物流基地
陕西	延安国家骨干冷链物流基地
甘肃	兰州国家骨干冷链物流基地
青海	西宁国家骨干冷链物流基地
新疆	乌鲁木齐国家骨干冷链物流基地
宁波	北仑（奉化）国家骨干冷链物流基地

截至 2022 年年末，我国国家骨干冷链物流基地达 41 个，覆盖全国 27 个省（区、市）。

2.3 我国交通物流发展现状

交通公平主要体现在以下方面：交通资源在空间、时间配置上具有公平性、协调性；公共运输服务在不同社会群体间的分配具有合理性；每个公民都能享有平等的使用权和消费权。交通普惠主要指为有出行需求的社会各阶层和群体提供适当、有效的交通服务，欠发达地区农村居民等群体是交通普惠服务的主要对象。

我国交通物流在基础设施覆盖度、服务多元化普惠化和对欠发达地区提供支撑等方面取得了良好成绩，但仍存在发展短板有待补齐、服务不够均衡、对财政依赖性强等问题，在我国城镇化推进背景下，面对货运需求更加旺盛、脱贫攻坚成果需要进一步巩固等现实情况，我们应充分发挥政府职能，因地制宜打造公平普惠交通体系，利用好既有交通设施、补齐现存短板，激发市场活力、发挥财政资金作用，引导企业提供相应公平普惠服务，同时深化体制机制改革，为交通公平普惠提供政策保障。

2.3.1 交通基础设施覆盖度大幅提升

1. 相对欠发达地区交通设施建设速度加快

近年来，国家持续加大对中西部地区、革命老区、少数民族自治地区、边境地区交通基础设施规划建设的支持力度，相对欠发达地区交通设施逐渐完善。

2019 年，中共中央、国务院印发的《交通强国建设纲要》提出，"推动资源丰富和人口相对密集贫困地区开发性铁路建设，在有条件的地区推进具备旅游、农业作业、应急救援等功能的通用机场建设，加强农村邮政等基础设施建设"。以铁路建设为例，截至2019 年年末，16 个"双百"工程交通扶贫铁路项目中已开工建设15 个，42 个计划新开工及储备铁路项目中有 33 个位于中西部地区和东北地区，2019 年中央财政预算中有 436 亿元用于支持中西部地区铁路建设，较 2018 年增加 140 亿元。

2. 中西部地区重要交通通道加速推进

2019 年 8 月，国家发展改革委印发《西部陆海新通道总体规划》，规划指出西部陆海新通道的四大战略定位，即推进西部大开发形成新格局的战略通道、连接"一带"和"一路"的陆海联动通道、支撑西部地区参与国际经济合作的陆海贸易通道、促进交通物流经济深度融合的综合运输通道，并指出要依托纵贯我国西南地区、开行西部地区的陆海联运班列，有机衔接丝绸之路经济带和 21 世纪海上丝绸之路的区位优势，充分发挥广西区位优势，打造西部地区的重要出海口。通道辐射范围包括广西壮族自治区、重庆市、四川省、贵州省、云南省等 13 个西部省（区、市），将大大带动西部地区发展。另外，川藏铁路、沿江高铁等对中西部地区有重要影响的交通通道规划建设也稳步推进。

3. 广大农村地区交通基础设施逐渐完善

我国持续多年对农村地区交通基础设施投入资金建设，早在1994年，我国就实施《国家八七扶贫攻坚计划》，提出新增的"以工代赈"资金主要用于修筑公路，加快贫困县、乡公路建设，农村交通设施建设由此起步。

2003年，交通运输部针对"三农"问题提出了"修好农村路，服务城镇化，使农民兄弟走上沥青路和水泥路"的农村公路建设总体目标，并安排专项资金用于"东部通村、中部通乡、西部通县"农村公路通达工程和通畅工程建设。

2005年，在陆续完成贫困县出口路、通县油路、县际和农村公路改造等建设工程的基础上，《全国农村公路建设规划》提出中长期农村公路发展目标，同时《农村公路管理养护体制改革方案》逐步把农村公路等公益性基础设施的管护纳入国家支持范围。

2008—2010年为农村公路建设质量年，这段时间我国特别重视农村交通对农村粮食主产区、农村物流园区、老少边穷地区发展的支持。

2012年，《集中连片特困地区交通建设扶贫规划纲要》明确了农村交通在农村发展、扶贫中的重要作用，政策向老少边穷地区倾斜。

2013年，西藏墨脱公路通车，从此我国实现了县县通公路，这标志着我国农村公路基础设施基本完备。

2014年，我国开始推进"四好农村路"建设，逐步加大对农村公路等农村交通基础设施的投资建设。《交通强国建设纲要》提出要形成广覆盖的农村交通基础设施网，全面推进"四好农村路"建设，建立规范化、可持续的管护机制。2020年，我国实现全国具备条件的乡镇和建制村通硬化路、通客车，以县城为中心、乡镇为节点、村组为网点的农村公路交通网络初步形成，县、乡、村三级客货运输场站体系基本建成。

党的十八大以来，我国新建改建农村公路235.7万千米，2020年年底，我国农村公路总里程达到438万千米，占全国公路总里程的84.3%。农村公路、客运站、货运站等农村交通设施也同步加快建设。

2.3.2 运输服务多元化、普惠化

1. 农村货运服务水平逐步提高

各地充分利用城乡客运场站、邮政网点，以及农业、商务、供销等既有节点资源，初步建成了由县级物流中心、乡镇综合服务站、村级物流服务点组成的三级城乡物流网络节点，截至2020年，全国县、乡、村三级物流节点覆盖率分别达到67%、65%和43%，具备条件的建制村、镇农村物流服务覆盖率达到96%，有效促进了城乡物流双向渠道的畅通、快捷。

2. 提供与需求相匹配的物流服务

农村货运具有量少多元、需求不一、相对比较分散的特点，需要在提升覆盖率的同时适当考虑财政投入的可持续性。我国针对中西部地区、城郊偏远地区、农村地区等提供了适合需求的相应车型、相应频次的公共交通服务。以普速铁路为例，作为欠发达地区出行

的重要交通方式，我国持续对有需要的地区开行直达、特快、快速等多等级、兼顾长短途乘客需求的普速列车，以及允许携带禽畜的"慢火车"。例如，昆明站往返红果站的5652/5651次火车，便结合当地农民常年售卖蔬果以及每年6—9月盛产野生菌的特点，为有特殊需求的乘客专门预留了部分特殊车厢，这些车厢通道比其他车厢宽一倍，方便携带筐篓、扁担等货物的乘客通过，并且设置了便于菌农分装菌子的农副产品摆放区。

3. 货运物流服务持续优化升级

随着互联网技术在交通领域的应用，各地结合当地农业产业特点逐步发展电商快递，推动专业化和综合性物流园区建设，尤其是集电商、专业配送、冷链配送等功能于一体的物流园；针对农业产业发展需求，建立城乡物流一体化配送体系，大幅提高商品流通效率，推动经济发展。据统计，截至2020年年底，我国打造了25个具有示范意义的农村物流服务品牌项目，将传统城乡物流发展模式逐步拓展为"客运＋货运两网合一""交通运输＋邮政快递融合""网络平台货运＋农村物流"等模式，"城货下乡、山货进城、电商进村、快递入户"的双向物流服务进一步畅通。

2.3.3　交通供给针对欠发达地区提供支撑

1. 脱贫攻坚过程中交通发挥着重要支撑作用

近年来，我国持续针对欠发达地区加大投入力度，《交通强国建设纲要》提出，要大力推进革命老区、民族地区、边疆地区、贫困地区、垦区林区交通发展，实现以交通便利带动脱贫减贫，深度贫困地区交通建设项目尽量向进村入户倾斜；促进交通建设与农村地区资源开发、产业发展有机融合，加强特色农产品优势区与旅游资源富集区交通建设。大量产业路、资源路的修建，对农村地区农产品进城、工业品下乡提供了重要保障，促进了资源要素流通。

2. 农村交通综合服务水平提升

截至 2020 年，我国实现一体化客货运输的场站比例已超过 80%，交通、邮政、社区、医疗、物流信息交换等公共性服务窗口逐步进驻客运站场，为大家提供综合性、多样化服务。客运方面，城乡运输场站形成"点—线—面"网络，客运站发挥中转与衔接作用，部分地区公交停靠站向客运班线车辆开放、共享，服务更便捷。

3. 物流新业态不断发展

多数县级城乡物流节点已实现干线运输与县域内分拨配送的有效衔接，并探索实践统筹发展模式，统筹组织县域内农村运输服务的物流节点，集聚整合物流资源。例如，广东、浙江、山东等省扶持具有良好社会信誉的品牌龙头企业规范经营，实施区域城乡运输运营主体的兼并、重组，整合市场资源，打造集约化、规模化、长短结合、城乡一体的运输网络服务体系，积极推动城乡交通运输"路、站、运、邮"协调发展，以"城乡交通＋"为范式，推动"城乡交通＋特色产业""城乡交通＋生态旅游""城乡交通＋电子商务"等融合体系，实现生产、流通加工、销售多环节整合，深入推进农村交通与产业融合发展。

2.3.4 交通物流在公平普惠发展方面存在的问题

交通物流在公平普惠发展方面主要存在 3 个问题。

1. 交通设施仍存在发展短板

区域间交通设施水平差距较大。西部地区对外交通主要依靠航空、铁路、公路等方式，重要干线交通在设施覆盖率、通达度上与东部地区存在较大差距。西部地区普遍存在省会城市单点发展的现象，与周边城市缺乏便捷的轨道交通联系。航空方面，中西部地区的地市政府普遍难以为运营企业开行覆盖更广泛、品质更高的服务提供足够的补贴，导致运营企业即便开行服务，频率也相对较低，不能完全发挥对当地经济社会发展的支撑作用。欠发达地区公共交通设施有待完善。农村公路设施水平有待提升，部分农村公路建设质量不佳，监管层面缺失，后期投入运营后，由于缺乏专门管护团队和资金支持，管护水平有限，农村公路损毁现象时有发生。

2. 出行服务发展不均衡

货运物流服务质量有待提升。农村货运需求分布比较分散，难以形成规模效应，市场化物流介入意愿不足，通常仅能配送到乡镇，进村物流缺乏，基本依靠邮政快递，时效性不佳，电商快递费用也相对更贵，尤其是欠发达地区，农村物流服务更是有待提升。部分欠发达地区的货运仅处于"走得了"阶段，离"走得好"仍存在一定差距，尤其是运输企业选择、运输费用、运输时效等，均与发达地区有较大差距，影响了农产品进城的竞争力，对工业品下乡也减少了吸引力，不能充分助力欠发达地区的产业发展。

3. 对财政依赖较强，投资模式比较单一

交通行业主要发挥的是社会效益而非经济效益，具有较强的正外部性特点。然而，由于缺乏营利模式，社会资本进入行业意愿不足，欠发达地区自身财政收入有限，对地方政府财政依赖极强，虽然国家层面出台了相关扶持政策，但仍主要依靠地方政府，对地方财政形成较大考验。交通行业具有普惠性特征，发达地区自身财政收入较高，并且客货流量较大，容易将交通正外部性转化为一定的经济效益，因此在交通公平、普惠方面推进得比较好；然而，欠发达地区交通的外部性作用难以转化为经济效益，部分地区更是面临资金紧张问题。政府层面对交通行业的支持通常集中在建设环节，通常是费用最高的环节，但交通设施投入运营后面临维护、管理等问题，农村公路、公交等公益性较强的领域，经常会遇到资金难以持续投入的问题，导致没有经济能力维护设施的正常运转和服务。

2.4 我国农产品物流发展形势

2.4.1 物流需求在城镇化推进过程中迅速增长

目前我国经济处于中高速增长阶段，伴随着城镇化进程的持续

推进，农村产业结构升级调整，农村与城市间的交流将更加密切，产业与经济发展将带来大量社会经济活动与消费需求。截至2020年年末，我国常住人口城镇化率为63.9%，城镇化进程基本进入中后期阶段，但与发达国家的平均城镇化率相比，我国仍具有较大的城镇化潜力。这就对补齐交通短板、提升物流服务质量提出了迫切要求。

1. 大量农产品产需对接需要农产品物流做支撑

我国农产品流通数量呈现上升趋势。大宗农产品与生鲜农产品流通数量均呈现增长态势。以流通规模最大的粮食为例，根据国家粮食和物资储备局公布的统计数据，2011—2019年我国粮食物流总量呈整体上升趋势，饲料用粮和工业用粮所占比重不断上升。2018年全国粮食物流总量为5.2亿吨，较2017年增长8%，随着散粮运输的推行，跨省粮食物流比例将有所提高，从而进一步提升粮食物流量。生鲜农产品流通规模也逐年增长，目前我国生鲜农产品年流通总量约为4亿吨，随着居民消费升级，生鲜农产品消费量、流通量将保持稳中有升，物流量也随之增加。

2. 人民对农产品质量要求的提升需要物流做保障

随着我国经济的快速发展，人民收入增加，产生了对美好生活的追求，对农产品品质的要求也随之升高。人们希望农产品品质化、多元化、绿色化，农产品物流中的农产品仓储、运输对农产品品质起到决定性作用。近年来，生鲜电商以其部分生鲜农产品产地直供、无接触配送等优势，吸引了消费者，生鲜超市和生鲜电商可以提供"净菜"、可以按菜谱搭配购买、能按时送达等特点，对物流的保鲜能力、快速性、稳定性均提出了更高要求。

3. 应急保供稳价需要农产品物流发挥重要作用

应急条件下，保供稳价工作对农产品物流的稳定性、快速响应能力、保障能力提出重大考验。以 2020 年新冠疫情防控期间生鲜农产品物流为例，当时多个关键批发市场节点因出现疫情而暂停营业，农贸市场也基本停业，在以多级批发市场为重要流通载体的物流模式下，需要迅速发挥二级批发市场的承载作用，并通过大型连锁商超、社区生鲜、生鲜电商将生鲜农产品流通到消费者手中。顺畅稳定的农产品物流是应急状态下保证农产品供应数量和质量、平稳农产品价格的重要支撑。

4. 巩固脱贫攻坚成果要求交通对欠发达地区持续发挥支撑作用

交通为欠发达地区产业发展提供着支持引领作用。欠发达地区产业发展过程中，产业路、资源路等大量交通基础设施为加快区域间客货流动、推动"农产品进城、工业品下乡"等提供了重要支撑，电商物流、冷链物流等交通业态的快速发展，催生了供货基地、直播带货等新业态，为欠发达地区生产要素高效畅通流动、产业结构转型升级、经济社会稳定进步、保障脱贫攻坚成果提供了重要的支撑引领作用。

2.4.2　物流供给逐渐完善提供发展基础

1. 基础设施逐步补齐助力物流发展

近年来，我国已基本形成铁路、公路、航空、水运多种方式协同发展的"十纵十横"国家综合运输大通道，为农产品物流提供了强有力的骨干交通保障。随着国家物流枢纽、国家骨干冷链物流基地投入建设、运营，覆盖全国的物流大网络将进一步形成。"四好农村路"、"村村通"、产业路、资源路等工程的实施，从源头上改善了生产端的农产品物流。第三方物流发展迅速，如京东物流、菜鸟物流、顺丰速运等第三方物流大大推动了冷链技术的迅速发展，为解决农产品"最先一公里"物流问题提供了基础条件。

2. 物流主体不断集中壮大

在我国以多级农产品批发市场为主要物流载体的模式下，批发市场和农贸市场分别在批发和零售环节占据着流通总量70%左右的比例。近年来，我国批发市场逐渐转向建设布局更合理、功能更完善的交易中心，电子化、数字化水平不断提升。在"万村千乡"市场工程和"双百"市场工程推动下，批发市场发展壮大，部分批发市场利用自身成熟的经营经验及资金入股其他批发市场，并参与运营管理，行业市场化、标准化程度大幅提升；同时，部分有实力的企业以入股和托管的形式建设农产品批发市场。另外，大量经纪人、农村专业合作组织也参与到物流各环节，我国农产品物流主体不断集中壮大。

3. 科技应用促进物流创新发展

随着人工智能、物联网、区块链等技术在农产品领域的广泛应用，农产品加工、检测、储存、运输等环节的标准化、智能化水平不断提升，产销对接、电子结算、信用保证、质量追溯等更加便捷；科学技术的创新应用催生了生鲜电商、直播卖货等新业态，农产品物流行业与科学技术的融合延长了产业链、提升了价值链、打造了供应链，形成了以消费者需求为中心、推动生产环节与流通环节优化升级的发展模式。

2.5　交通物流发展的重点任务与政策措施

2.5.1　发挥政府职能，因地制宜，打造多元化的交通物流服务体系

1. 持续加大欠发达地区交通保障力度

重视欠发达地区对外联通通道的建设，大通道可以发挥通道经济与枢纽经济的作用，能适当增加欠发达地区与周边发达地区之间民航、高铁、城际轨道等快速化交通供给，串联起欠发达地区与周边发达地区，对沿线经济社会发展具有明显的支

撑带动作用。

2. 加大建设维护产业路、资源路的力度

发挥对农村地区发展的支撑能力，坚持加大对欠发达地区交通基础设施、维护保养、运营组织管理的扶持力度，提升对区际、县际等骨干通道的衔接能力，保障欠发达地区交通畅通性、便捷性，防止脱贫地区返贫等。应对中西部地区自然条件对交通物流服务的影响加以重视，尤其应加强山区等多雾地区特殊条件下公路、民航、铁路等服务的安全性保障，同时加强对运载工具与线路的安全性检查，提升交通物流服务的安全性。

3. 鼓励地方政府因地制宜、因需施策

地方政府应结合经济发展、人口体量、产业结构、空间格局等实际情况，根据需求特点及其变化，调整不同运输方式的供给体系，深入剖析运输发展趋势，发展适应当地经济社会条件的交通方式，"量身定做"，形成多元化、多层次交通物流产品体系，在交通方式、车型、服务频次、服务时间等方面着手，设计并提供多种组合形式的物流服务。

2.5.2 充分利用既有交通设施资源，补齐设施短板

1. 充分发挥既有交通基础设施作用

欠发达地区大部分区域运输需求比较分散，大量新建设施会带

来巨大的财政压力并且设施利用率可能不高，因此，应将重点聚焦在创新运营组织、优化资源配置、合理满足交通需求上，关键在于统筹协调相关部门，确保创新方式安全、快速投入使用，并结合实际灵活调整，提供更为便捷的服务。加大物流企业与邮政企业的合作力度，依托邮政系统，加强物流企业末端服务能力，降低物流成本。

2. 补齐欠发达地区交通短板

提升中西部地区农村尤其是距离城市较远农村的客货运服务质量和安全保障，注重农村公路等基础设施的建设与管养，加强农村地区与区际、县际等骨干通道的衔接，提升农村对外交通的衔接能力。针对货物运输快速增加等趋势，加强农村交通工具组织管理，适当拓宽道路、提升货车通行条件，加强安全教育宣传及监督管理，提升运输工具的安全性等。

2.5.3 发挥财政资金支撑作用，引导市场提供相应的出行服务

1. 发挥财政资金支撑作用

加大地方政府支持力度，提升欠发达地区与其他地区交通出行一体化水平。促进跨城乡、跨区域、跨方式的行业管理、运营组织合作，打造出行全程一体化服务环境，提供一体化货运服务，实现跨区域农村物流"门到门"等，大力提升运输效率。

2. 鼓励市场主体发挥作用

在物流服务运营管理层面，可通过一定的补贴政策，鼓励企业创新技术、提升运营服务质量。鼓励物流企业充分利用航空、高铁的富裕能力，结合实际需求规模，开发机舱载货、高铁载货等模式，充分打造快速、便捷、成本相对可控的物流服务。鼓励公路物流企业通过多种车型组合、高峰平峰差异化运营等方式，灵活提供需求响应服务，满足分布分散、小批量、多频次的农产品流通对物流服务的需求。

2.5.4　深化体制机制改革，提供政策保障

1. 合理设置评价体系

完善交通物流服务相关法律法规、规范标准，加强行业服务管理监督。改变以交通设施绝对数量为参考依据的观念，应以适合当地发展特征的交通物流服务体系为打造重点。

2. 畅通合作机制

健全市场准入规则，积极培育跨方式出行服务经营主体，推动信息共享、票制票价一体化等，加大城乡间、跨区域物流便捷程度。加强不同运输方式行业主管部门以及相关部门的协同合作，确保创新运营组织模式快速合规投入运营。

3. 拓宽投融资渠道

持续加强国家有关部委财政支持，补齐基本农产品交通物流领域设施短板，通过产业基金、财政补贴等方式，推动物流领域可持续发展，保障基础设施建设、维护及运营等。发挥政策资金的引导作用，规范引导社会资本参与投资，鼓励创新投融资模式，适当提供补贴，提升对社会资本的吸引力。

第三章

我国农产品物流基础设施发展历程

3.1 国家交通物流大干线发展演变情况

我国在交通物流大干线方面开展专项、重点规划，并持续性投入大量资金，用于建设交通运输大通道，逐步打造起纵横联通的综合交通运输与物流通道。

2017年2月，国务院印发《"十三五"现代综合交通运输体系发展规划》，提出构建横贯东西、纵贯南北、内畅外通的"十纵十横"综合运输大通道（见专栏3-1）。

专栏3-1 《"十三五"现代综合交通运输体系发展规划》（节选）

（一）综合运输通道布局

纵向综合运输通道：沿海运输通道、北京至上海运输通道、北京至港澳台运输通道、黑河至港澳运输通道、二连浩特至湛江运输通道、包头至防城港运输通道、临河至磨憨运输通道、北京至昆明运输通道、额济纳至广州运输通道、烟台至重庆运输通道。

横向综合运输通道：绥芬河至满洲里运输通道、珲春至二连浩特运输通道、西北北部运输通道、青岛至拉萨运输通道、陆桥运输通道、沿江运输通道、上海至瑞丽运输通道、汕头至昆明运输通道、福州至银川运输通道、厦门至喀什运输通道。

（二）综合交通枢纽布局

国际性综合交通枢纽：重点打造北京—天津、上海、广州—深圳、成都—重庆国际性综合交通枢纽，建设昆明、乌鲁木齐、哈尔滨、西安、郑州、武汉、大连、厦门等国际性综合交通枢纽。

全国性综合交通枢纽：全面提升长春、沈阳、石家庄、青岛、济南、南京、合肥、杭州、宁波、福州、海口、太原、长沙等综合交通枢纽功能。

区域性综合交通枢纽及口岸枢纽：推进一批区域性综合交通枢纽、沿边重要口岸枢纽建设。

2021 年 2 月，中共中央、国务院印发《国家综合立体交通网规划纲要》，提出以下目标：到 2035 年，基本建成便捷顺畅、经济高效、绿色集约、智能先进、安全可靠的现代化高质量国家综合立体交通网，实现国际国内互联互通、全国主要城市立体畅达、县级节点有效覆盖，有力支撑"全国 123 出行交通圈"（都市区 1 小时通勤、城市群 2 小时通达、全国主要城市 3 小时覆盖）和"全球 123 快货物流圈"（国内 1 天送达、周边国家 2 天送达、全球主要城市 3 天送达），交通基础设施质量、智能化与绿色化水平居世界前列，交通运输全面适应人民日益增长的美好生活需要，有力保障国家安全，支撑我国基本实现社会主义现代化（见专栏3-2）。

> **专栏3-2 《国家综合立体交通网规划纲要》（节选）**

加快建设高效率国家综合立体交通网主骨架

国家综合立体交通网主骨架由国家综合立体交通网中最为关键的线网构成，是我国区域间、城市群间、省际以及连通国际运输的主动脉，是支撑国土空间开发保护的主轴线，也是各种运输方式资源配置效率最高、运输强度最大的骨干网络。

按照极、组群、组团之间交通联系强度，打造由主轴、走廊、通道组成的国家综合立体交通网主骨架。国家综合立体交通网主骨架实体线网里程29万公里左右，其中国家高速铁路5.6万公里、普速铁路7.1万公里；国家高速公路6.1万公里、普通国道7.2万公里；国家高等级航道2.5万公里。

加快构建6条主轴。加强京津冀、长三角、粤港澳大湾区、成渝地区双城经济圈4极之间联系，建设综合性、多通道、立体化、大容量、快速化的交通主轴。拓展4极辐射空间和交通资源配置能力，打造我国综合立体交通协同发展和国内国际交通衔接转换的关键平台，充分发挥促进全国区域发展南北互动、东西交融的重要作用。

加快构建7条走廊。强化京津冀、长三角、粤港澳大湾区、成渝地区双城经济圈 4 极的辐射作用，加强极与组群和组团之间联系，建设京哈、京藏、大陆桥、西部陆海、沪昆、成渝昆、广昆等多方式、多通道、便捷化的交通走廊，优化完善多中心、网络化的主骨架结构。

加快构建 8 条通道。强化主轴与走廊之间的衔接协调，加强组群与组团之间、组团与组团之间联系，加强资源产业集聚地、重要口岸的连接覆盖，建设绥满、京延、沿边、福银、二湛、川藏、湘桂、厦蓉等交通通道，促进内外连通、通边达海，扩大中西部和东北地区交通网络覆盖。

2022 年 3 月，国务院印发《"十四五"现代综合交通运输体系发展规划》（见专栏 3 - 3）。规划对我国综合交通运输发展成就做出了总结：截至"十三五"末，我国交通运输基础设施网络日趋完善，综合交通网络总里程突破 600 万千米，"十纵十横"综合运输大通道基本贯通，高速铁路运营里程翻一番、对百万人口以上城市覆盖率超过 95%，高速公路对 20 万人口以上城市覆盖率超过 98%，民用运输机场覆盖 92% 左右的地级市，超大特大城市轨道交通加快成网，港珠澳大桥、北京大兴国际机场、上海洋山港自动化码头、京张高速铁路等超大型交通工程建成投运。中欧班列开行列数快速增长，京津冀一体化交通网、长江经济带综合立体交通走廊加快建设，交通扶贫百项骨干通道基本建成，新建、改建农村公路超过 147 万千米，具备条件的乡镇和建制村全部通硬化路、通客车，快递网点基本覆盖全部乡镇，建制村实现直接通邮。集装箱铁水联运量年均增长超过20%，快递业务量翻两番、稳居世界第一。高速公路省界收费站全面取消，交通物流降本增效成效显著。

专栏3-3 《"十四五"现代综合交通运输体系发展规划》（节选）

加强战略骨干通道建设。推进出疆入藏通道建设，扩大甘新、青新、青藏、川藏四条内联主通道通行能力，稳步推进川藏铁路建设，加快推进新藏铁路和田至日喀则段前期工作、适时启动重点路段建设，有序推进滇藏铁路前期工作，密实优化航空航线网络布局，构建多向联通的通道布局。畅通沿江通道，加快建设沿江高铁，优化以高等级航道和干线铁路、高速公路为骨干的沿江综合运输大通道功能。升级沿海通道，提高铁路通道能力，推进高速公路繁忙路段扩容改造，提升港口航道整体效能，构建大容量、高品质的运输走廊。贯通沿边通道，提级改造普通国省干线，推进重点方向沿边铁路建设，提高安全保障水平。建设西部陆海新通道，发挥铁路在陆路运输中的骨干作用和港口在海上运输中的门户作用，强化东、中、西三条通路，形成大能力主通道，衔接国际运输通道。

建设综合货运枢纽系统。优先利用现有物流园区以及货运场站等设施，规划建设多种运输方式高效融合的综合货运枢纽，引导冷链物流、邮政快递、分拨配送等功能设施集中布局。完善货运枢纽的集疏运铁路、公路网络，加快建设多式联运设施，推进口岸换装转运设施扩能改造。实施邮政快递枢纽能力提升工程，加强邮政普遍服务和快递处理中心等设施建设，与铁路、公路、民航等枢纽加强统筹。推进120个左右国家物流枢纽建设。

3.2 我国农村交通物流发展演变情况

农村交通是我国交通运输体系的重要组成部分，也是农民生活、农业和农村经济发展的重要支撑。作为农业大国，我国农村经济的发展直接影响着国民经济的发展，农村与城市间人才、资源等生产要素的流动中农村交通发挥着重要作用。改革开放以来，我国交通运输行业迅速发展，农村交通经历了起步阶段（1978—1991 年）、粗放发展阶段（1992—2001 年）、快速普及阶段（2002—2013 年）和升级完善阶段（2014—2018 年）。

3.2.1 农村交通物流发展历程回顾

作为农村发展的重要基础设施，农村交通物流的发展历程与农村改革的总体进程密切相关。根据我国农村改革的进程，结合农村交通的特点，我国农村交通发展历程可划分为以下 4 个阶段。

1. 起步阶段（1978—1991 年）

此时我国交通基础设施处于初级起步阶段，国家级交通主干线尚处于规划或修建阶段，无暇顾及农村交通。此阶段的农村交通以服务农产品流通为主，为部分农民进城务工提供服务，总体来看运输需求相对较小。此阶段我国机动车保有量处于较低水平，农村交通工具主要为自行车、畜力车、面包车、四轮拖拉机等短途运输工具，以及载货货车、大客车、绿皮火车等中长途公共运输工具。农村公路以泥土路、砂石路等原始形态为主，农村交通处于发展的起步阶段。

（1）农村交通需求逐渐增加

改革开放初期，农村的产业结构仍以农业为主，非农产业比较落后。农副产品流通长期实施按行政区划、行政层次统一收购和供应的批发体制，这在一定程度上阻碍了农村交通的发展。随着国家对农产品流通、农民进城务工管制的逐渐放松，农村交通需求逐渐增加。

①农产品流通逐渐放开

1979 年，《中共中央关于加快农业发展若干问题的决定》提出恢复农村集市贸易，允许粮食议购议销。此阶段，农产品流通的主要经营主体是国有企业和合作商业，农产品流通渠道不畅通，很多农副土特产品不能顺利运销，造成产地积压、销地缺货的情况。

1983 年，《当前农村经济政策的若干问题》明确允许发展个体商业，允许农民个人或合伙进入农产品流通领域，并指出要打破城乡分割和地区封锁，农民可以进城、出县、出省，私人从事国家确立收购任务以外的农副产品流通，购销价格完全放开。同时，确立了以农村家庭承包经营为基础、统分结合的双层经营体制，调动了农民在农业生产中的积极性，促进了农副产品产量的提升。为进一步促进农村商品流通，政府开始在大中城市和商品集散地建设农副产品贸易中心和批发市场。

1985 年，我国改革统购派购农产品流通体制，发布《关于进一步活跃农村经济的十项政策》，针对不同农产品，分别实行合同定价机制和市场收购机制，农产品价格机制从计划价格变为双轨价格、市场价格，有效刺激农民私人或合伙以合法方式参与农产品流通，农村交通需求逐渐增加。

②农民外出务工开始增加

1984 年，政府逐渐放开对农民进城务工的限制，允许务工、经商、办服务业的农民自理口粮到集镇落户，由此农民工流动逐渐增加。

1989 年，农民工流动人数达 3000 万人，其中跨省流动 700 万人，春运拥挤、民工潮开始受到关注。

然而，1991 年经济开始紧缩，政府又加强了对农村劳动力外出的管制，要求各级政府从严或暂停办理民工外出务工手续。

（2）农村交通发展缓慢

我国铁路建设已有一定的基础，并越来越重视国家干线公路、高速公路的规划与建设，引入多种投融资模式，允许个体户进入运输市场，促进了干线公路网的发展。

①国家干线公路网开始建设

1981 年，国家干线公路网规划了以北京为中心的约 11 万千米国道干线。

1983 年，国家正式允许个体户进入运输市场，"有路大家行车，有水大家行船"等思想开始落实，公路客运部门打破行政区划限制，积极开行省际客运班车，并实行一票到底制。资金政策方面，国家实施基本建设项目贷款制度，鼓励交通建设项目使用世界银行、亚洲开发银行、日本海外经济协力基金等国际金融组织和外国政府低息长期优惠政策贷款建设交通基础设施，此外，还制定了中外合资合作建设的优惠政策，以境外发行股票、BOT①和转让经营权等形式筹集了大量资金。我国开始征收公路客运附加费、货运附加费、车辆购置附加费等，并将之作为全国公路发展资金，由此我国形成了长期稳定的专项公路和运输场站建设的资金来源。"贷款修路、收费还贷"的投融资政策，有效缓解了我国交通建设资金严重不足的问题，"想要富，先修路"的思想认识也为公路大规模建设创造了条件，交通设施尤其是高等级公路进入快速发展阶段，通达范围持续扩大、道路等级持续改善。京津塘高速公路、广深高速公路利用外资开始建设，其他高速公路虽未能列入建设计划，但也以汽车专用路名义开始建设。

1988 年，沪嘉高速公路一期工程通车，辽宁沈大高速公路部分通车，这标志着我国高速公路网建设的开始。

②交通机构分级管理

1986 年，交通主管部门进一步简政放权，政企职责分开，生产经营管理权下放给企业，省—地市—县区—乡镇四级运输管理机构

---

① 全称 Build – Operate – Transfer，中文为建设—经营—转让，是私营企业参与基础设施建设，向社会提供公共服务的一种方式。

逐步形成。

1987 年，《中华人民共和国公路管理条例》发布，该条例规定公路管理工作实行统一领导、分级管理制度，即国道、省道由省、自治区、直辖市公路主管部门负责修建、养护和管理，县道、乡道分别由县（市）公路主管部门、乡（镇）人民政府负责修建、修护和管理。

③农村交通发展缓慢

作为国家路网的重要补充，农村交通以农村公路为主，也包括少量覆盖农村的支线铁路、水运等交通方式。农村公路主要包括县道、乡道、村道等，承担着把农村路网末端节点等联通到国家大路网中的重要作用，同时在农村内部起着联通作用。然而，此阶段农村交通尚未得到政府支持，不像高速公路那样能得到海外投资、银行贷款等，农村运输需求也没有达到促使农民大范围自发修路的程度，农村公路仍以等外公路为主，泥土路、砂石路等低等级路面和无路面里程占绝大多数。农村最常见的交通工具是自行车，通往乡镇的客货运主要依靠小型面包车、畜力车、四轮拖拉机等，通往中远距离城市的客货运主要依靠大客车、绿皮火车、货车等。客运方面，农村客运逐渐由仅从乡镇到县城转变为由乡镇直接开往中心城市、省会城市。1990 年，全国开行 3 万余条农村客运班车线路，全国约九成乡镇开通客运班车，我国初步形成以县城为中心，向乡镇及部分建制村辐射的班车客运网络，农民乘车难的问题初步得到缓解。此阶段的农村交通在政策、资金、需求等多方面还不具备快速发展的条件。

2. 粗放发展阶段（1992—2001 年）

市场经济初期，随着农产品流通、农民进城务工等管制的进一步放松，我国农村生产活力被激发，农副产品流通规模及频次、农民外出务工人数快速增加，客货运需求明显增加。此阶段国家政策向建设重要的交通主干线倾斜，高速公路逐渐成网。作为我国公路网重要补充的农村公路，逐渐以农民投工投劳、民办公助的方式建设起来，虽然农村公路道路等级标准低、安全性和系统性差，但基本实现从"走不了"向"走得了"的转变。这时农村常见的运输工具以自行车、面包车等中小型车辆为主，通往中远距离城市的客货运输工具依旧是大客车、绿皮火车、货车等。此阶段的农村交通在政策和资金上得到的保障较少，农村交通处于自发发展阶段。

（1）农村客货运输需求增加

①农村农副产品流通逐渐规模化

1992 年，在邓小平南方谈话的推动下，我国计划经济体制发生变革。此阶段，在扩大生产的基础上，农村逐渐出现大批畜牧专业户。

1993 年，根据《中华人民共和国增值税暂行条例》的规定，农业生产者销售的自产农产品免征增值税。

1994 年，我国有 1200 万农民从事农产品长途贩运等销运业务，在市场经济体制下，农村经营活动以经营灵活、流转速度快的特点，显示出竞争力，并逐渐由分散、无序的自发状态转变为有序的合作性经营，形成了专业合作社或协会。

随着农产品价格提升，农民收入持续增长，农村经济快速发展，1998 年，我国进入农产品供求基本平衡和丰年有余的新阶段。此时，农村农副产品的流通需求较为旺盛，农民参与运输很大程度上解决了农副产品在流通过程中流通工具不足、人员少的问题。

②农民外出务工人数持续增多

1993 年，《中共中央关于建立社会主义市场经济体制若干问题的决定》发布，文件鼓励和引导农村剩余劳动力逐步向非农产业转移、在地区间有序流动。

然而，20 世纪 90 年代后期，在我国经济结构调整与亚洲金融危机共同作用下，城市下岗职工剧增，为了照顾本市下岗人员，方便其就业，农村劳动力外出就业受到限制和影响。

直到 2001 年，政府规定取消对农民和外地人口的限制性就业政策，农村劳动力才又开始快速转移，农民务工的高潮再次到来。

（2）农村交通开始自发建设

①国家干线公路初步成网

1992 年，在进行市场经济改革的同时，"五纵七横"国道主干线系统规划得到国务院认可，我国开始构建"五纵七横"国道主干线系统，高速公路大量建成并逐渐成网，首都、省会、经济特区、主要交通枢纽和对外开放口岸得以贯通。市场化改革调动了各方积极性，拓展了资金渠道，加快了建设步伐。1993 年，京沪高速公路京津塘段全线通车，"全国公路建设工作会议"指出我国公路建设应以高等级公路为重点实施战略转移。2001 年西南公路出海通道开通，标志着国道主干线中"三个重要路段"的基本完成。

投资资金方面，1996 年，公路建设投资规模首次超过铁路；1997 年，《中华人民共和国公路法》颁布，指出"国家允许依法设立收费公路"，民间资本与外资均可依法投资经营收费公路，自筹资金及其他资金在公路投资中所占比例逐年上升；1998 年，亚洲金融危机后，交通基础设施成为扩大内需的投资重点，在国债投资、银行贷款等各方面资金的支持下，各运输方式投资额逐年大幅提升，尤其是公路建设投资，从百亿级跃升至千亿级，全国高速公路通车里程约达 8700 千米，跃居世界前列。

随着市场化改革的进一步深入，各省（区、市）按照国家高等级公路规划要求建设高速公路，我国高速公路逐渐形成干支衔接、布局合理、四通八达的路网。

②农村交通依靠农民开始建设

高速公路成网运营大大缩短了农产品尤其是鲜活农产品的储运时间，与此同时，带动了具有补充、衔接功能的农村公路的建设。

1994 年，《国家八七扶贫攻坚计划》发布，提出要新增以工代赈资金，主要用于公路修筑，尤其是要加快贫困县、乡公路建设，在有水运条件的贫困地区积极发展水上运输。此阶段农村公路并非依靠政府投入而是主要以农民投工投劳、民办公助方式建设起来的。虽然道路等级标准低、安全差、不成系统，以砂石路、水泥路为主，但初步形成了可供运输工具行驶的农村公路。此阶段农村常见的运输工具仍以自行车、面包车等中小型车辆为主，通往中远距离城市的客货运主要依靠货车、大客车、绿皮火车等。农民务工推动客运市场大量开通长距离夜班车、卧铺车，农村交通起到与长途车相衔接的补充作用。

2001 年年底，全国县道、乡道里程共约 128 万千米，农村客运班线上万条，乡镇通班车、村村通班车率都接近 100%。

此阶段农村交通在政策和资金方面得到的保障较少，但农村客货运输需求显现，相当数量的农村公路依靠农民修建，以通为主、注重数量、质量较差，缺乏规范化的行业管理，法规制度不健全，地区间发展不平衡，农村交通处于粗放发展阶段。

3. 快速普及阶段（2002—2013 年）

此阶段，市场经济进入深化改革阶段，为补齐农村短板，政府开始重视"三农"问题：设立农村合作社，加大农村财政支付转移力度，刺激农民扩大农业规模、从事商品贸易，农民出行范围得以拓展，出行频率提高，城镇密集型企业的兴起吸引了大量农民外出务工，农村的客货运需求更为迫切。

此阶段，基础设施大范围普及并完善，国家级主干线交通网基本形成，政府开始注重农村交通建设。在政府向农村倾斜政策、提供资金的条件下，农村公路开始系统性、标准化、高等级地建设，逐渐改善为柏油路、水泥路，进入快速发展阶段，基本实现了从"走得了"向"走得通"的转变。

此阶段，农村常见的运输工具以电摩托、面包车、自行车等为主，通往中远距离城市的客货运依靠普速铁路列车、高速铁路列车、大客车、货车等。

此阶段，农村公路的快速普及为农村物流、红色旅游等产业发展提供了基础条件。

（1）农村客货运需求大幅提升

此阶段我国进入经济高速发展阶段，农村与城市的收入和消费水平差距更大，为实现全体人民共同富裕，补齐农村短板，政府对农村问题的重视上升到前所未有的高度。

①国家重视农村发展

2002 年，党的十六大正式提出"三农"问题，指出要更加重视农村、农业、农民发展，大幅投入资金，对农村基础设施进行大规模、规范化建设。

2003 年，《中华人民共和国农村土地承包法》的实施使农村土地制度进入法治化建设阶段。

2004 年，针对全国农民人均纯收入增长放缓的情况，中央一号文件《中共中央国务院关于促进农民增加收入若干政策的意见》颁发，聚焦于农民收入提高等。

2005 年，我国开始建设社会主义新农村，对农民实行"三减免、三补贴"和退耕还林补贴等政策，着力加强农业综合生产能力，对贫困地区劳动力进行转移培训，扶持龙头企业带动贫困地区调整产业结构，对缺乏生存条件地区的贫困人口实行易地扶贫政策，拓宽贫困农户增收渠道。

2006 年全面取消农业税，在推进社会主义新农村建设背景下鼓励农业发展。

2007 年提出积极发展现代农业的思路。

2008 年，中共中央、国务院提出加强农业基础建设进一步促进农业发展农民增收，设立了大量农村合作社，开始规范化、系统性、以现代农业组织方式引导农民参与国内外市场竞争。

此阶段，中央提出"坚持工业反哺农业、城市支持农村、多予少取放活方针"，加大财政对农业的转移支付力度，加强农业基础设施建设，增加农机补贴等，提供市场机制无法提供的公共物品和公共服务，农村产业和经济进入快速发展时期，农村产业结构发生变化。

2010年，中共中央、国务院指出要加大城乡发展统筹力度，夯实农业农村发展基础。

2012年，我国积极推进农业科技创新，增强农产品供给保障能力，把农业科技创新作为农村工作重点。

2013年，我国实施新农村规划，并出台农村危房改造政策，总体上进入以工促农、以城带乡的发展阶段。

②农民出行活动增加，农村交通工具升级

此阶段，部分以小商品加工为主要产业的农村迫切需要与城区场站之间往来货物与原材料，零碎化的个体运输不足以高效地满足运输需求，并且浪费运力、增加城市拥堵程度，农村物流需求更加突出。农副产品数量和流通需求的增加等，刺激了农民扩大农业规模、从事商品贸易。

此阶段，归农民个人所有的农机数量大大增加，农村交通工具中出现了更多的电动车、摩托车、面包车，农民出行范围扩大，出行频率提高，农民对农村公路的需求更为迫切。

③农民外出务工现象普遍

随着经济的快速发展，各地政府出台措施，鼓励和支持符合产

业政策的乡镇企业发展，以发展民营经济，壮大县域经济，兴县富
民。城镇中劳动密集型企业和服务业等非农产业大量兴起，从事农
业的收入水平相对下降，刺激了大量农民进入城市、乡镇企业务工。
随着农民务工人数的增加，农民在务工城市对于生活便捷性有了更
多需求，《国务院关于解决农民工问题的若干意见》由此发布，文件
要求对农民工实行属地管理，把农民工纳入城市公共服务体系。

2013 年，我国开始推进城镇化，在流动、就业、劳动合同、社
会医疗和养老保障、工资保障、子女上学等多方面保障务工农民的
合法权益，部分农民工与子女开始在城市稳定生活，甚至部分乡村
出现仅有少量老人、留守儿童的现象。

此阶段，农民工春运返乡难成为备受关注的问题，在高速铁路
大量开通后，春运难的问题逐渐得到缓解，农民往返城乡的交通方
式日益多样化，既可依靠普速铁路、高速铁路、民航，也可乘坐长
途大巴、自驾摩托车等。

（2）农村交通快速发展

①国家重视农村交通建设

2004 年，随着我国经济体制的逐渐完善，交通运输发展思路与
方式开始转变，我国出台了《中华人民共和国道路安全法》《公路
收费管理条例》等。

2007 年"五纵七横"提前 13 年完成，国家主干线交通网初步
成形。

2008 年高速公路达到 6 万公里，居世界第二。《国家高速公路
网规划》提出了"7918"路网规划，除了涉及国道主干线建设内

容，还提出要重点建设西部开发省际通道、省会城市和地级市通的二级以上公路、有条件通公路的乡和行政村通公路或机动车路的要求，公路交通紧张状况初步缓解，公路技术等级结构进一步完善。

此阶段，国家开始重视农村交通规划与建设，并修改了对农村公路的定义，由 2003 年"农村公路一般是指通乡（镇）、通行政村的公路"，变为 2005 年的"农村公路（包括县道、乡道和村道）是全国公路网的有机组成部分，是农村重要的公益性基础设施"。

2006 年，交通运输部实施"五年千亿元"工程，农村公路正式纳入国家公路行业统计，县道、乡道以及达到一定技术标准的村道纳入"农村公路"统计数据。

②资金支持多样化

国家逐渐向西部交通、农村交通倾斜政策，加大农村公路财政投入力度，加快支线机场、边缘铁路的建设。

由于农村县乡财政比较困难，增加收入空间和选择权有限，2006 年，《农村公路建设管理办法》提出建设以政府为主、农村社区为辅、社会各界共同参与的多渠道筹资机制，鼓励农村公路沿线收益单位捐助农村公路建设，鼓励利用冠名权、路边资源开发权、绿化权等方式筹集社会资金，用于农村公路建设，并鼓励企业和个人捐款用于农村公路建设。引导农民自愿出劳出资，开展农村小型基础设施建设，鼓励政府采取以奖代补、项目补助等办法给予支持。中央政府也增加了对农村的转移支付，农村交通依赖县乡财政供给的情况逐渐改善。此阶段，除了中央政府大力投入农村交通建设，各省政府也增大了对农村交通建设的投入力度。

③农村交通设施快速普及，实现"县县通公路"

2003 年，交通运输部针对"三农"问题提出了"修好农村路、服务城镇化、使农民兄弟走上沥青路和水泥路"的农村公路建设总体目标，并安排专项资金用于"东部通村、中部通乡、西部通县"的农村公路通达工程和通畅工程建设。

2003—2004 年建成乡县公路约 30 万千米，2002—2005 年共投资计划近 2200 亿元，农村公路建设达到高潮；2003—2007 年，是农村公路改善最显著的 5 年，新改建农村公路 130 万千米，其中水泥路约 80 万千米。

2004 年，补贴乡镇农村客运站快速建设，全国大范围开通农村客运班车，并出台了《乡村公路营运客车结构和性能通用要求》，促进农村客运车型标准化。

2005 年，陆续完成贫困县出口路、通县油路、县际和农村公路改造等建设工程，《全国农村公路建设规划》提出中长期农村公路发展目标，同时发布《农村公路管理养护体制改革方案》，要求加大建设、养护资金扶持力度；按照建管并重的原则，逐步把农村公路等公益性基础设施的管护纳入国家支持范围，在社会主义新农村建设下，长期不被重视的农村公路建设与农村客运迅速改善。

2009 年，全国新改建农村公路 30 万千米计划提出，2006—2010 年共新改建农村公路 186.8 万千米，其中新增农村公路 52.7 万千米。

2012 年，《集中连片特困地区交通建设扶贫规划纲要》明确了农村交通在农村发展、扶贫中的重要作用，并向老少边穷地区倾斜政策。

2013 年，墨脱公路通车，标志着我国农村公路在基础设施方面基本完备。

④带动农村物流、红色旅游发展

农村公路的快速发展，不仅带动了公路建设、农村客运发展，也带动了农村货运物流行业以及农村红色旅游发展。

2004 年，国家在大力发展农村公路的同时，先后开启了革命圣地、红色旅游公路等工程建设。

随着农村货运需求的增加，2005 年，《国务院关于促进流通业发展的若干意见》指出要加大农村市场建设力度，完善农村流通体系，鼓励优势流通企业运用连锁经营方式完善农村流通网络，采取多种方式开拓农村市场，引导农村消费。

2009 年，为满足农村对散货运输的需求，尝试将乡镇客运站改造为客货一体站，发展农村网点为货运公交停靠点，与城区四通八达的物流网络实现无缝对接，开通规范的"五定"货运公交，结合固定配送、流动配送和预约配送等互补运营模式，促进农村货物高效流转。

此阶段，私家车逐渐普及，城区乘客的出游范围大大扩大，国家开始引导农村旅游发展。

⑤农村公路覆盖率、连通率大幅提升

此阶段，在国家政策、资金的双重保障下，农村交通进入发展的黄金时期，通乡通村油路快速增加，农村公路通镇率、通村率大幅提高，同时，国家统计数据中增加了硬化路面占比指标，农村公路等级和质量都大幅提高。同时，开始注重养护问题，几乎所有的县道、乡道和村道实现了道路养护，农村公路技术状况评定表明优良率达到一半以上。

2013 年，我国农村公路里程达 378.48 万千米，其中村道 214.74 万千米。全国通公路的乡（镇）占全国乡（镇）总数的 99.97%，其中通硬化路面的乡（镇）占全国乡（镇）总数的 97.81%；通公路的建制村占全国建制村总数的 99.70%，其中通硬化路面的建制村占全国建制村总数的 89.00%。

此阶段，农村公路设施基本完善，农村交通带来的新业态逐渐呈现，农村物流、红色旅游处于起步阶段。

4. 升级完善阶段（2014—2018 年）

此阶段，农村经济快速发展，农村旅游、现代农业等产业蓬勃发展，农村交通进入升级完善阶段，农民收入增加，农村面貌大为改善。

此阶段，随着就业结构的调整，乡村振兴战略加大了对农民从事现代农业、制造业、服务业的优惠力度，专业化分工趋势日益明显，并呈现返乡创业的趋势，这些都提高了农村交通需求。此外，农特产品对农村货运、冷链物流等也产生了迫切需求。

此阶段，农村交通基础设施基本完善，政府开始注重农村交通的服务质量。政府继续向农村倾斜政策、提供资金、给予投融资便利条件，部分省份通过新型投融资模式升级建设农村公路，甚至达到了全省（市）县县通高速的水平，为当地旅游业发展等提供了更加便利的条件。农村旅游快速发展，自驾游等休闲模式兴起，部分农村旅游景点开始出现景观铁路、通用机场、房车营地等；物流方面逐渐分级布置深入农村节点的物流网络。

此阶段，农村常见的运输工具以电摩托、轿车、面包车等为主，通往中远距离城市的客货运依靠轿车、高速铁路列车、飞机、普速铁路列车、货车等，实现了从"走得通"向"走得好"的转变。

（1）农村客货运需求升级

①农村产业结构转型升级

此阶段，我国现代农业、农村旅游等产业蓬勃发展，农村面貌大为改善，同时农民收入大大增加。

2014 年，我国开始实施新型城镇化战略，提出要城乡统筹、城乡一体、产业互动，推动大中小城市、小城镇、新型农村社区协调发展、互促共进。《关于全面深化农村改革加快推进农业现代化的若干意见》提出构建新型农业经营体系。

2015 年政策在土地流转、农业转移人口市民化、现代农业示范区、农村改革试验区等方面支持农村发展，同时，我国开始实施供给侧结构性改革，产业结构逐渐向高端制造业和现代服务业转型升级。

2016 年，国务院印发《全国农业现代化规划（2016—2020年)》，提出深化农业农村改革，推进农业结构调整，坚持农业现代化与新型城镇化相辅相成，推进农村一二三产业融合发展。

2017 年，我国推进农业供给侧结构性改革，加快培育农业农村发展新动能，推进农业科技创新、提质增效，壮大乡村休闲旅游产业、农村电商、现代食品产业与特色村镇等新业态，拓展农业产业链、价值链。

②乡村振兴战略下客货需求升级

2017 年，中央农村工作会议首次提出走中国特色社会主义乡村振兴道路。

2018 年，我国全面部署实施乡村振兴战略，提出走中国特色社会主义乡村振兴道路，让农业成为有奔头的产业，让农民成为有吸引力的职业，让农村成为安居乐业的美丽家园，坚持农业农村优先发展，在要素配置上优先满足，在资金投入上优先保障，在公共服务上优先安排，加快补齐农业农村短板。提出乡村振兴的战略目标是到 2020 年取得重要进展，制度框架和政策体系基本形成；到 2035 年取得决定性进展，农业农村现代化基本实现；到 2050 年乡村全面振兴，农业强、农村美、农民富全面实现。在全面建成小康社会、打赢脱贫攻坚战的决战阶段，我国对农村问题的关注再次上升到前所未有的高度，由上一阶段发展壮大县域经济，转变为发展乡村为重点，并提出"绿水青山就是金山银山"，加快贫困地区交通发展，强调交通扶贫的精准性和有效性；加大了对农民从事现代农业、制造业、服务业在技术、信息的培训力度与返乡创业贷款优惠政策，逐渐呈现农民返乡创业的趋势，同时，通过开发式扶贫促进农村土特产品发展，对农村客运、货运、冷链物流提出了更高要求。

③农村交通与旅游等产业联动发展

此阶段，人们旅游及出行方式发生了变化，有着青山绿水的农村成为其休闲放松的胜地，大城市居民长假期间自驾游主要是去附近郊区非热门景点，周末出行主要是自驾到周边农村，这些都带动了农村旅游的快速发展。

2016 年，《乡村旅游扶贫工程行动方案》提出开展万企万村帮扶专项行动，推出全国旅游扶贫示范项目，推广"景区带村、能人带户、企业（合作社）＋农户"等旅游扶贫模式。

2018 年，全国旅游工作会议提出推进产业融合，发挥乡村旅游在精准扶贫、精准脱贫中的优势作用，推动农村闲置农房改造，开发乡村旅游，盘活农村沉睡资产，拓宽农民增收渠道。

部分省份通过旅游景区培育家庭手工业、服务业、本土电商品牌，以旅游扶贫专业培训等方式扶持贫困村、贫困人参与旅游产业，实现脱贫致富。

农村交通的可达性、方便性、舒适性以及耗费时间、换乘次数、交通方式等，成为影响农村旅游发展的关键因素。农村交通越畅通，与机场、高铁站、普铁站的衔接越方便，自驾条件越好，越具有吸引力。畅通的农村交通能带给农村更好的基础设施和生活条件，让旅客更享受，出门能更舒服、安全、便捷地看风景，回宾馆能享受到干净、现代的服务。总之，农村交通在农民出行、游客出行，以及农副产品流通、建材和生活用品运输等客货运输方面发挥着重要作用。

（2）农村交通设施与服务升级

①注重农村交通服务与后期管护

此阶段，农村交通由高速发展阶段逐渐进入高质量发展阶段。这一阶段政府继续向农村倾斜政策、提供资金、给予投融资便利条件，部分省份通过新型投融资模式升级农村公路，江苏、贵州等实现了全省县县通高速，同时，大力补齐农村"断头路"，加密以县城为中心向乡村发散的路网结构，农村交通基础设施质量再次升级。农村公路建成后维护、保养问题突出，由于各地征收的养护费用大量用于设施新建，因此出现养护资金不足问题，养护管理机制的不健全，导致大量农村公路缺乏养护。

2014年，国家提出要进一步把农村公路建好、管好、护好、运营好。

2015年，交通运输部印发了《关于推进"四好农村路"建设的意见》《农村公路养护管理办法》，明确了养护管理责任、多元化投融资、养护监督等内容，鼓励村民个人、家庭分段承包养护，养护逐渐市场化等。

2017年，习近平总书记针对"四好农村路"做出了重要指示。

②农村交通支撑扶贫攻坚

2016年，国务院常务会议部署开展交通基础设施扶贫工作，增强贫困地区脱贫致富能力。

在"十二五"集中连片特困地区交通建设扶贫规划的基础上，"十三五"交通扶贫规划把国家级贫困县、革命老区县、少数民族地区县和边境县纳入交通扶贫规划，覆盖近半数全国县（市、区）。

《关于进一步发挥交通扶贫脱贫攻坚基础支撑作用的实施意见》提出，要以革命老区、民族地区、边疆地区和贫困地区为重点，加强交通基础设施，以"双百"工程为抓手推进交通扶贫脱贫，"百万公里农村公路工程"包括剩余乡镇通硬化路、建制村通硬化路、易地扶贫搬迁安置点通硬化路、乡村旅游公路和产业园区公路、一定人口规模的自然村公路、改建不达标路段、改造"油返砂"公路、农村公路危桥，"百项交通扶贫骨干通道工程"包括铁路、机场等项目。到 2020 年，我国要在贫困地区建设广覆盖、深通达、提品质的交通运输网络，乡村交通基础网络明显改善，实现乡镇通硬化路，建制村通硬化路、通客车、通邮政，自然村道路条件得到改善，基本消除贫困地区发展的交通瓶颈。

国家发展改革委推出脱贫攻坚重大工程包，补贫困地区基础设施短板，在武陵山区等贫困地区建重庆仙女山、巴中恩阳、陇南成县、海北祁连等机场，支持集中连片特困地区建制村硬化路建设，鼓励中央企业及各类社会资本加大投入，积极推广政府和社会资本合作模式，支持贫困地区交通建设，对带动贫困地区基础设施改善、公共服务能力提升等具有较强外部性、公益性的项目，采用直接投资方式。

③农村交通与农村三产融合发展

随着交通快速发展，逐渐出现交通与农村旅游、现代农业、特色制造业、互联网和物流等产业融合发展的新业态，农村交通从以往支撑经济发展转变为与农村产业联动发展，农村交通对农村经济发展起到了进一步的促进作用。农村旅游可以拓宽当地农民从事工作种类，促进农村产业结构转型升级，助力乡村振兴。随着农村土特产品、家庭手工品等特色品牌培育，农村物流逐渐深入到村，形成分级物流网络。县县通公路甚至县县通高速的农村交通条件，大大吸引了游客自驾游，农村丰富的旅游资源得到充分开发。

3.2.2 农村交通物流发展成就与经验

改革开放 40 多年以来，我国农村交通在建设、投资、管养、服务以及与其他产业融合发展等方面均取得了一定成就。

1. 农村交通建设实现了跨越式发展

改革开放初期，我国经济处于发展起步期，农村交通基本靠农民自发建设。21 世纪"三农"问题成为关注重点后，承担补充衔接主干道功能的农村交通得到了国家政策与资金的大力支持，通达工程、通畅工程等农村交通项目陆续启动，建设速度加快、公路里程增加、等级标准提升、安全性增强，同时，全国各地围绕农业产业发展建设资源路、旅游路、产业路，尤其注重老少边穷地区的农村交通建设。

从 1978 年到 2017 年，我国农村公路总里程由不足 60 万千米增加至超 400 万千米，从以等外路为主转变为以硬化路面为主。农村客运班线和客运站普及建设，城乡运输一体化水平接近 80%，我国初步形成了以县城为中心、以乡镇为节点、以建制村为网点的，遍布农村、连接城乡的农村公路交通网络。

除了农村公路，部分农村旅游景点也开始建设景观铁路、景观公路、通用机场等，并针对自驾出行方式配套建设自驾车营地。

农村交通实现了从"走得了""走得通"到"走得好"的转变，成为乡村精神文明建设的重要组成部分，对农村产品交流、农民就业增收、农村招商引资拓展业务提供支撑作用。

2. 农村交通形成多元化投资模式

农村交通具有准公共产品特性，难以创造经济效益，农村公路的管理模式是由县乡人民政府负责，省级交通主管部门或公路管理机构负责行业指导并给予资金补助。

我国农村交通投资模式经历了以下变化：基本依靠农民自发建设的粗放式发展方式；将农民的劳动力转化为农村交通直接投资的"民工建勤、民办公助"等以工代赈方式；国家对农村交通提供扶持政策、投入大量资金，并鼓励创新投融资模式，依据"谁建设，谁使用，谁受益，谁管护"的原则，鼓励农民参与农村交通建设、管护等的多元化投资模式。

3. 农村交通管理养护探索实践

农村公路的养护由县乡人民政府负责，地市交通局下设县乡公路管理处，县交通局下设公路养护段，负责县道和少量重要乡道，乡道由乡级政府管理。

农村交通发展初期，村道基本无人管养，随着通县、通乡、通村公路里程的增加，养护资金缺口逐渐加大，管养的重要性显现。

为做好"四好农村路"，我国各地针对农村公路的管理养护进行了广泛的探索实践，目前有家庭承包养护、集中整修养护、运输业户出资养护、专业队伍代养等多种模式，以专业队伍与轮换工养护结合、集体承包与个人承包结合为主，也有的地方与农民签订养护合同，农闲养路、农忙务农，结合轮换，一定程度上缓解了农村交通管理养护难的问题。

4. 农村交通服务质量普遍提升

随着交通科技进步、农民收入增加，我国农村出行选择日益多样化，城乡基本公共服务均等化水平逐渐提高。

近年来，农村产业结构调整、农民业务拓展，农民出行不再单纯依赖农村客运班车，更多地选择自行驾驶小汽车、电摩托等方式，顺畅的农村客运使农民可以更方便地乘坐飞机、高铁列车等，大大提高了农民进城就医、购物、子女上学的便利性，促进了教育、医疗服务均等化水平提升；在我国铁路货运能力释放、节能减排的背景下，农村货运从依赖个体经营的货车长途运输转向承担农副产品从农村到集贸市场、枢纽场站的集散运输，农村合作社、电商直销等方式促进了农产品运输的集约化，农村电子商务和物流的发展促进了农村货运公交、小件物流的普及，提高了农村农副产品流通的便捷性、降低了流通成本、减少了污染排放。

农村交通服务的提升，促进了城市文明、基本公共服务逐步向农村地区纵深覆盖，有利于将农村的资源优势转化为经济优势。

5. 农村交通助推农村三产融合

农村交通设施逐渐完善，配套服务质量日益提升，农村旅游成为农村扶贫富民的新方式。农村旅游由红色旅游起步，逐步带动全国范围内农村旅游兴起。随着我国居民收入水平的增加，居民旅游方式逐渐转向休闲享受的农村特色旅游，农村旅游带动了配套服务培训、服务提供等产业的发展，并有利于当地招商引资，同时带动了农特产品等产业的发展，促进农村产业结构升级转型，对农民脱贫致富具有重要意义。农村交通除了服务于农村旅游，一些交通方式与旅游景观融合发展为景观铁路、沙漠公路、草原公路等新交通业态，在农村扶贫中发挥着重要作用，为农村带来了经济效益，有利于实现乡村振兴。

3.2.3 农村交通物流发展存在的问题

改革开放以来，我国农村交通发展取得了长足的进步与巨大的成就，但仍存在一些阻碍发展的问题，主要体现为农村交通基础设施存在区域差距、管养服务不到位、资金可持续性较差以及农村交通滞后于产业发展等问题。

1. 农村交通建设存在区域差距

我国农村交通发展并不均衡，所处经济区域以及距离城市远近等因素，导致不同农村在交通覆盖率、联通度以及农村道路等级等方面存在差异，部分具备居住条件的农村在交通条件上有待进一步提高。

2. 农村交通管护水平不高

农村交通存在各级财政投入不足、管护资金缺乏、管护人员专业化水平不够等问题，导致大量农村公路配套设施不够完善，抵御灾害能力差，路面损害严重，整体寿命大为减少。

3. 农村交通公共服务投入度不够

受农村地区常住人口减少，以及摩托车、农用车、小汽车发展的影响，农村客运班车客源减少、效益降低，出现减班、停班现象。农村客运班车为农民提供基本公共客运服务，具有公益性特征，在运营组织创新、经营监管规范化等方面有待提高；货运物流在构建县乡村三级农村物流服务网络、打通最后一公里、利用既有资源开展小件快运、电商快递来降低物流成本等方面有待探索。

4. 农村交通投资缺口较大

无论是建设、管理、养护问题还是服务问题，都源于农村交通的财务可持续性问题。除少部分具有特色旅游等服务业、现代农业产业的农村可吸引社会投资、创造效益外，农村公路通常不具有营利性，主要依靠政府资金，难以吸引社会资本。农村交通多方式支持农村产业和经济发展、盘活农村资源，其创造收益后反哺农村交通发展的机制有待探索；利用财政资金引导金融和社会资本投向农村、提高农村交通的财务可持续性有待探索。

5. 农村交通滞后于产业发展

农村发展特色农业参观、生态旅游休闲养老等现代服务业以及景观交通等产业，需要农旅融合、运旅融合，目前农村交通在特色产业、旅游景点的衔接方面，便捷度不够，配套交通设施建设及服务有待提高，与农村其他产业的联动发展有待系统性规划与推动。

农村交通不应局限于支撑甚至追赶农村产业与经济发展的定位，而应承担农村产业融合发展中交通先行的引领作用，促进人才和资金流入农村，助力乡村振兴。

3.2.4　农村交通与物流未来发展方向

针对以上问题，未来我国农村交通发展应注重以下 5 个方面。

1. 减小农村交通建设的区域差异

应针对农村交通发展存在的区域差异，提高中、东、西部农村交通发展的均衡性，补齐距离城市较远农村的交通短板，进一步提高农村交通的覆盖率、联通度、农村道路等级等。同时，应将对农村发展有直接作用的产业路纳入农村交通规划，完善农村发展需要的交通条件。

2. 提升农村交通公共服务质量

农村交通应进一步提升公共服务质量，发挥交通扶贫作用；鼓励运营组织创新、加强运营和监管规范化，保证农村公益性客运持续开行并提高服务质量；深入普及农村货运物流服务，打通村级物流服务，并充分利用既有资源，结合电商快递等方式降低农村物流成本。

3. 探索农村交通长效管护机制

农村交通应加强对农村公路的管理养护力度，在推进"四好农村路"过程中，充分利用各级政府的财务资金，提高对社会资本的吸引力，调动农民参与积极性；加强培育专业养护人员，培训农民参与养护；探索建立事权匹配、财务可持续的长效管护机制，提高农村交通养护水平。

4. 拓宽农村交通资金来源渠道

农村交通除要争取各级政府资金投入外，还应充分考虑投入与效益产出，因此应积极探索引导金融和社会资本参与农村交通的利益分配机制，探索农村交通与产业联动发展创造收益后对农村交通的反哺机制，提高农村交通的财务可持续性。

5. 促进交通与农村产业融合发展

农村交通在农村发展中，不仅应发挥支撑、追赶产业发展的作用，还应与现代农业、休闲旅游服务等产业系统性规划与联动发展，发挥交通先行和引领作用，促进农村三产融合，吸引人才和资金，助力乡村振兴。

第四章
农产品物流发展国内外经验借鉴

4.1 明确重要物流设施的公益属性

作为农产品物流环节最重要的载体，多个国家和地区制定了批发市场相关法律，以法律形式明确农产品批发市场的公益属性，并规定政府具有支持的义务，政府除投资支持外，还要给予土地、税收等方面的支持。

发达国家和地区相关法律法规较为健全，着重规范市场秩序，农产品物流规划顶层设计比较完备，政府层面主要负责统筹规划与布局。

日本早在1921年就出台了《中央批发市场法》，将农产品流通纳入法律体系，1971年该法调整为《批发市场法》，除将地方批发市场吸纳进法治轨道外，对农产品批发市场从成立申请、投资募集、设施要求、交易商资格、交易方式到市场管理主体、政府支持等方面都做出了详细规定，其中一个很突出的特点是将农产品批发市场列为公益性事业，并规定了政府支持的责任和义务。根据日本农林水产省 2012 年的统计，日本共设立了 72 家中央批发市场，1159 家地方批发市场。其中，中央批发市场主要由中央投资建设，地方批发市场由地方政府投资建设，中央政府给予一定的补助。日本政府依据《批发市场法》制定《农产品批发市场发展规划》，中央批发市场发展规划及市场设立需由农林水产省批准，地方批发市场发展规划及市场设立也须报地方政府审批，并向农林水产省备案，以避免重复建设。

韩国出台的《批发市场法》将农产品批发市场分为公营批发市场、一般法定批发市场和民营批发市场 3 类，其中，公营批发市场的建设资金全部由政府承担，建成后由政府统一管理，一般法定批发市场的建设资金由政府和投资者共同承担，建成后由政府和投资者组建团队进行管理，民营批发市场政府不出资，由个人或公司投资兴办，政府给予建设指导并对后期运营进行监管。

欧美国家也设立公益性批发市场并参与投资。法国共设立了 23 家公益性农产品批发市场并参与投资，例如，法国最大的公益性批发市场——巴黎 Rungis 果菜批发市场，共投资 10 亿法郎，其中，国家投资 56.85%，巴黎所在省、巴黎市政府、巴黎银行共投资 28.5%，私营批发商、市场工会组织投资 13.9%。加拿大安大略省农产品批发市场建立于 1954 年，投资 5000 万加元，全部为政府投入，政府还以法律形式明确该批发市场是非营利性组织。

我国台湾地区规定，农产品批发市场所需土地，若为公有土地，则当局应优先出租或依现值出售，如果是私有土地，则由当局协助洽购或依法申请征收，并视为农业用地，享受相关优惠政策。同时，减半征收农产品批发市场的土地使用税、房产税，农产品第一次批发交易免征印花税及营业税。

4.2 保证供给与价格平稳有序

农产品物流与农产品种植模式、组织模式密切相关，因此，发达国家会及时地发布种植信息以指导农民种植，还会以法律法规形式将部分蔬菜品类纳入政府调控目录，以基金制度等方式稳定市场，一头补贴农民，另一头补贴市民，稳价保供，形成比较稳定的供需局面以及可预测的物流需求。

1. 政府及时发布市场信息协调产需

日本政府会发布蔬菜供应预测和供求指南，各大批发市场也会通过网络及时发布农产品价格信息以及销售信息，日本农协会拟订年度供给计划，根据掌握的信息预测农产品市场未来行情，并及时将市场信息分享给协会成员，以加强对农户的信息引导，使供需精准对接。

韩国政府在供需对接方面，采取"合同种植 + 合同上市"模式，在种植之前与农户依据产地价格协商定价，确定生产量和质量规格，收货后，上市前，农协先按合同付给农户20%的定金，待商品全部上市后再付清货款，期间一旦出现价格变动，政府会给予农协和农民一定的补贴。

2. 将重点生鲜农产品纳入保供稳价目录

日本政府于 1966 年颁布了《蔬菜生产销售稳定法》及其实施细则，该法进行多次修订，部分鲜活农产品被列入稳定价格管理目录，包括占日本蔬菜市场销售总量约七成的卷心菜、黄瓜、芋头、萝卜、西红柿、茄子、胡萝卜、葱、白菜、青椒、莴苣、洋葱、土豆和菠菜 14 种指定蔬菜以及芦笋等 30 多种特定蔬菜。农林水产省每年列支蔬菜价格稳定预算，通过下属行政法人——农畜产业振兴机构，每年与符合条件的生产者缔结定量、定价供应契约，并给予资金补助。日本还成立销售者资助组织——蔬菜生产销售稳定资金协会，以支持合同蔬菜订购和确保非指定蔬菜价格稳定。

韩国政府也将大蒜、白菜、鸡蛋、鸡肉、红辣椒、牛奶、牛肉、猪肉等部分鲜活农产品纳入稳供保价补贴范围。

3. 政府设立基金保障菜农权益

日本政府依法设立蔬菜稳定基金，负责稳定 14 种指定蔬菜价格以及培育 30 多种特定蔬菜供应产地，中央政府、都道府县政府和销售团体（或生产者）按比例出资，每年与符合条件的生产者缔结定量定价供应契约，并给予 60% ~ 80% 的生产补助资金。在销售环节，政府也会针对契约农户歉收或农产品提前投入市场等给予补贴，若丰产导致重要蔬菜市场价格下跌，则生产者可推迟供货、转加工销售、轮耕等，政府会给予补贴；若卷心菜等重要蔬菜市场价格高于平均价格且预计未来一段时期会居高不下，农畜产业振兴机构会书面协商契约生产者尽量提前供货，并对相应损失给予补贴。总体上，日本生鲜农产品价格常年基本稳定，农民权益很有保障。

韩国政府也设立了农产品价格稳定基金，每年达2万亿~3万亿韩元，当蔬菜价格下跌到蔬菜成本价以下时，政府会通过"农渔产品价格稳定基金"提供补贴，鼓励农户自行调节性储存，减少供给量，稳定蔬菜价格。

欧盟早在1962年就开始补贴菜价，建立了生产者收入波动危机预防和管理机制，且补贴政策高度法制化、透明化，各级政府与生产者共担风险，对菜花、西红柿等菜品，提供不超过损失额一定比例的财政支持，若滞销则提供不上市补偿。

4. 政府引入信贷公司保障农民权益

美国早在1933年就出台了《农业调整法》，政府通过实施农产品最低销售价政策来保护农民利益。农业部对白菜、辣椒、西红柿等菜品提供联邦作物保险，由农产品信贷公司负责，种植者可以享受保险服务。即便种植者没有购买保险，或者种植品类在保险项目以外，因重大灾害损失超过50%或播种面积减少超过35%时，种植者也可享受非保险农作物灾害援助项目资金扶持。若蔬菜生产过剩，农业部市场服务局会组织收购。

2008年美国出台的《农业法》延续了固定直接补贴、反周期补贴、营销支援贷款、贷款差额补贴等措施，并将黄瓜、利马豆、南瓜、扁豆、甜玉米、西红柿、豌豆、大鹰嘴豆、小鹰嘴豆等品类纳入补贴范围。

4.3　行业协会发挥重要组织作用

农产品组织模式与物流模式相关，发达国家农产品组织过程中，农民团体发挥了重要作用，一是使农民可以集体与政府、市场对接，保证了农民权益，二是与农民签订契约，对农民有所约束，有利于保证农产品种类、数量和品质。

日本农协在产品流通体系中有着重要地位，作为日本政府扶持成立的民办官助性质的群众性组织，日本农协掌握着雄厚资金，并在全国范围内建立起了错综复杂的农产品流通网络。日本超过95%的农民加入了该组织，该协会对八成以上的农业生产资料进行管理，对九成以上的农产品进行销售。日本农产品大都通过日本农协流通，流通渠道为"生产者—农协—批发市场—零售终端—消费者"。农协代表农民，具有强大话语权，在促进价格公开公正、产销关系更好匹配、促进批发市场更好发挥作用、引导生产端、压缩流通环节方面发挥了重要作用。

韩国水果蔬菜流通协会是介于政府与市场之间的行业组织，全国有很多分会，农民只负责农产品种植，协会负责从农民处收购农产品加工后再将其拍卖销售。协会按照会员利益最大化原则作出决策，同时制约协会会员行为，与农民利益共享。

美国蔬菜水果协会作为政府与生产者和经营者的沟通桥梁，其主要任务是协调各方关系、加强信息交流、提供咨询服务，为蔬菜、水果流通和批发市场的有效运转提供保证、提高批发市场的交易水平和运行效率。

我国台湾地区鼓励分散农户成立农民团体，并规定农民团体组建的法人可以享受补助、税收优惠。

4.4 积极促进流通业态升级优化

高度组织化的流通业态有利于形成规模化、标准化的物流服务，发达国家和地区积极培育大型批发商，鼓励产销对接。

1. 积极培育规模化的批发商

日本、韩国《批发市场法》对批发商主体资格有一系列详细规定，对批发市场内的流通组织、接受生产者委托拍卖商品的批发商、从批发商购进货物然后销售给零售商或消费团体的中间批发商，以及具有一定规模的零售组织、贩运商、消费团体等买卖参加者的条件都有明确规定，以法律形式引导交易主体提高组织化程度和服务质量。

美国也设立了严格的市场准入门槛，市场内批发商的数量一般不多，但这些批发商实力雄厚，经营规模大，能够为众多的超市、连锁店、中小零售商以及食品企业提供品种齐全、大批量的商品。

2. 积极探索更优的流通模式

产销直供模式能减少流通环节，实现农产品"地产地销"，提高农产品流通效率。

美国主要依靠商业化的家庭农场参与农产品流通，流通链路短、环节少、成本低、效率高，呈现"大生产、大流通"特点。

日本除批发市场外，联营和直销方式发展也较为迅速，超市连锁企业与农户对接，建立直销关系，发挥 IT① 与物流优势，生产、销售自主品牌的新鲜蔬菜。同时，日本还广泛应用网上市场、电子交易所、电子批发市场等电商模式销售农产品，进一步减少中间流通环节，使农产品市场竞争更公正透明、价格更稳定。

3. 重视流通体系建设

一方面，发达国家重视流通节点规划布局与建设，将临时粮库、中转库、储备粮库等纳入物流体系；另一方面，重视物流通道建设，高效衔接物流节点。以澳大利亚为例，澳大利亚有多个粮食流通公司，各个公司在各州基本都设有负责当地粮食流通工作的分公司，业务类型包括粮食收储、运输和销售，并通过公路、铁路与近千个乡村粮食收购站连接，通过水路与港口中转库和终端库连接，组成一条完整的供应链。

4.5 推动物流设施质量提升

先进的农产品物流体系是农产品高效率流通的重要依托，发达国家一般都建设有水平较高的冷链运输体系以及规范化的仓储加工体系。

---

① Internet Technology，互联网技术。

1. 建设高度发达的冷链体系

欧美发达国家投入大量资金用于构建农产品物流冷链系统，大部分农产品靠冷链系统运输。

美国拥有几十万辆冷藏车以及数万辆保温车，冷藏运输率达80%～90%，并且其农产品流通总量中，有约85%的比例进入冷链系统，美国冷藏冷冻技术水平较高，现代化冷冻技术和设备运用范围较广。

日本农产品流通体系主要以发达的冷链物流运输工具、物流基础设施和完善的物流运输网络为依托。

然而，我国农产品物流还是以常温运销为主，综合冷链流通率仅20%左右，大约90%的肉类、80%的水产品、大量的牛奶和豆制品还没有实现冷链运销，损耗率超过20%，冷链利润率仅约8%，且低于常温物流利润率两个百分点，这使企业在高成本地打造冷链体系方面意愿较小。

2. 打造自动化仓储系统

日本建造的立体化仓库能实现货物的自动化存取，节约了大量人工成本，日本利用RFID、传感器等信息技术建立了农产品冷链物流供应链管理系统，对货物、冷藏运输车辆实施动态监控和跟踪，提高了物流效率，降低了物流成本。

第五章
我国粮食物流高质量发展研究

"民为国基，谷为民命"，粮食事关国运民生，粮食安全是国家安全的重要基础。我国幅员辽阔，地形地貌与气候种类多样，粮食生产与消费天然存在着时间与空间上的不均衡性，运输在粮食调配中发挥着重要作用。近年来，我国粮食进口量不断增加，已接近我国粮食产量的1/4，粮食国际运输在其中发挥着重要作用。粮食国内外运输安全直接关系我国粮食供应稳定、可靠，本章对我国粮食生产、消费、进出口格局现状与粮食行业发展趋势进行分析，结合我国粮食运输行业存在的问题，基于对粮食国内外运输风险的研判，提出我国粮食运输风险管理和应对措施建议。

5.1 粮食生产消费及国内外粮食运输格局

5.1.1 生产消费现状

1. 粮食生产情况

（1）粮食生产总量

我国粮食产量稳步增加。2022 年，我国全年粮食播种面积11833 万公顷，比2021 年增加 70 万公顷。其中，稻谷播种面积 2945 万公顷，比 2021 年减少 47 万公顷；小麦播种面积 2352 万公顷，比 2021 年减少 5 万公顷；玉米播种面积 4307 万公顷，比 2021 年减少 25 万公顷；大豆播种面积 1024 万公顷，比 2021 年增加 183 万公顷。全国 31 个省份中，有 23 个省份粮食增产。

2022 年，我国稻谷、小麦、玉米产量均实现增加。夏粮产量 14740 万吨，增产 1.0%；早稻产量 2812 万吨，增产 0.4%；秋粮产量 51100 万吨，增产 0.4%。全年谷物产量 63324 万吨，比 2021 年增产 0.1%；小麦产量 13772 万吨，增产 0.6%；玉米产量 27720 万吨，增产 1.7%。

豆类增产明显，薯类产量下降。2022 年，全国豆类产量 2351 万吨，比 2021 年增加约 385 万吨，同比增长 19.6%，其中，大豆产量 2028 万吨，比 2021 年增加 388 万吨，增产 23.7%；全国薯类产量 2977 万吨，比 2021 年减少 66 万吨，下降 2.2%。

（2）粮食种植结构

粮食种植结构进一步调整。2022 年，小麦播种面积基本稳定，玉米和稻谷播种面积稳中略降。2022 年，全国谷物播种面积 9927 万公顷，比 2021 年减少 91 万公顷，下降 0.9%。其中，小麦播种面积 2352 万公顷，比 2021 年减少 5 万公顷，下降 0.2%，基本稳定。受内部种植结构调整影响，2022 年全国玉米播种面积 4307 万公顷，比 2021 年减少 25 万公顷，下降 0.6%；全国稻谷播种面积 2945 万公顷，比 2021 年减少 47 万公顷，下降 1.6%。

豆类播种面积大幅增加，薯类播种面积有所下降。2022 年，东北地区积极扩种大豆，推行大豆、玉米轮作制，黄淮海、西北、西南地区推广大豆、玉米带状复合种植，因此，该年大豆播种面积增加较多。全国豆类播种面积 1188 万公顷，比 2021 年增加 176 万公顷，增长 17.4%。其中，大豆播种面积 1024 万公顷，比 2021 年增加 183 万公顷，增长 21.7%。全国薯类播种面积 719 万公顷，比 2021 年减少 14 万公顷，下降 2.0%。

（3）粮食单产情况

我国粮食单产基本呈现增加态势。

小麦、玉米单产增加，稻谷单产略减。2022 年，全国谷物单产 6379 公斤[①]/公顷，每公顷产量比 2021 年增加 62.7 公斤，增长 1.0%。其中，小麦单产 5856 公斤/公顷，每公顷产量比 2021 年增加 45.4 公斤，增长 0.8%；玉米单产 6436.1 公斤/公顷，每公顷产

---

① 1 公斤 = 1 千克。

量比 2021 年增加 145.1 公斤，增长 2.3%；受南方地区高温干旱影响，稻谷单产 7079.6 公斤/公顷，每公顷产量比 2021 年减少 33.8 公斤，下降 0.5%。

豆类单产增加，薯类单产微降。2022 年，全国豆类单产 1979.3 公斤/公顷，每公顷产量比 2021 年增加 37.2 公斤，增长 1.9%。全国薯类单产 4143.7 公斤/公顷，每公顷产量比 2021 年减少 6.5 公斤，下降 0.2%。

（4）粮食生产布局情况

根据国家统计局公开数据，我国粮食生产布局主要可分为东北地区、西北地区、黄淮海地区、长江中下游地区、华南地区和西南地区，其中，黑龙江、河南、山东、吉林、内蒙古、河北、辽宁生产了全国 50% 以上的粮食。

2. 粮食进口情况

我国粮食进口量总体呈现逐年上升趋势。自 2014 年以来，我国粮食进口量持续维持在 1 亿吨以上，2022 年我国粮食进口量为 1.47 亿吨，约占我国粮食总产量的 21.4%，同比减少 1767 万吨，降幅 10.7%。分品类来看，主粮基本自给自足，进口量极小，所进口的粮食品类主要包括大豆（约 9108 万吨）、玉米（约 2062 万吨）、高粱（约 1014 万吨）、小麦（约 996 万吨）、大米（约 619 万吨）、大麦（约 576 万吨），我国粮食主要进口品类占比如图 5-1 所示。

3. 粮食消费情况

我国粮食消费区与粮食产区错位较大，随着东南沿海工业化、

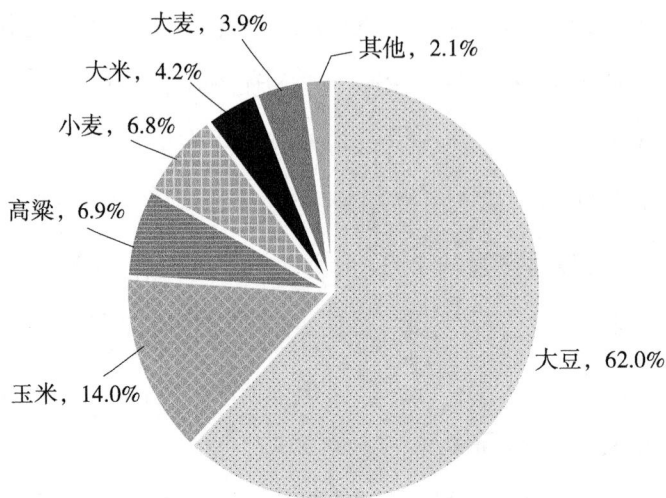

图 5 - 1　我国粮食主要进口品类占比

城镇化的加快推进，粮食播种面积不断减小，粮食生产地域呈现由南往北转移的发展趋势。从消费用途上看，目前我国粮食主要用于口粮、饲料和工业消费，受东南沿海地区外来人口迁入量增速较快以及近年来饲料加工业在南方地区发展更快的影响，我国南方地区粮食需求增长速度较粮食产地快，粮食产销区域不均衡性不断加剧。

随着我国居民对肉类需求的与日俱增，我国养殖业迅猛发展，对以玉米、豆粕等为原料饲料的需求快速增加。在我国有限的农业资源下，我们首先需要确保口粮安全，因此我国大豆、玉米等非口粮种植及产出比例不高，且大豆、玉米价格在国际上缺乏竞争力，国内价格一般比进口价格高，因此，我国对大豆、玉米的进口量一直保持在较高水平。以大豆为例，图 5 - 2 显示了 2013—2022 年我国粮食进口量与大豆进口量的关系。

我国大豆、玉米等主要进口粮食用于食用消费的较少，主要用

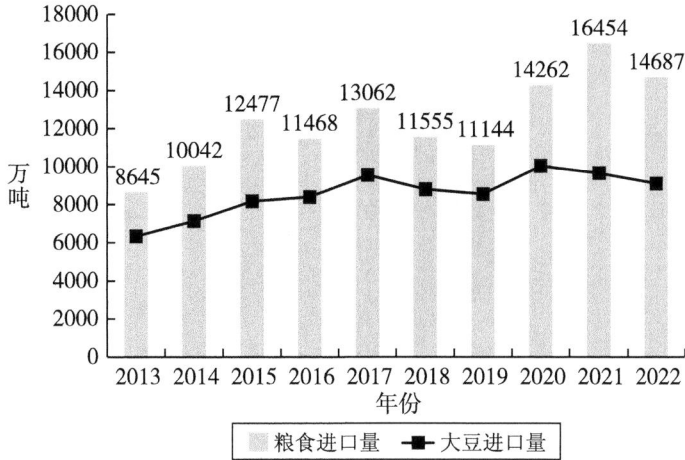

图5-2 2013—2022年我国粮食进口量与大豆进口量的关系

于饲用消费、工业消费等。2021年，我国大豆食用消费占比仅为12.5%，压榨消费占比高达85.3%；玉米食用消费占比仅为3.1%，饲用、工业消费占比共计92.4%。

我国大豆、玉米消费结构分别如图5-3和图5-4所示。

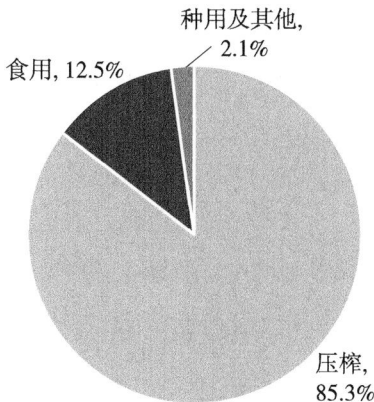

图5-3 我国大豆消费结构

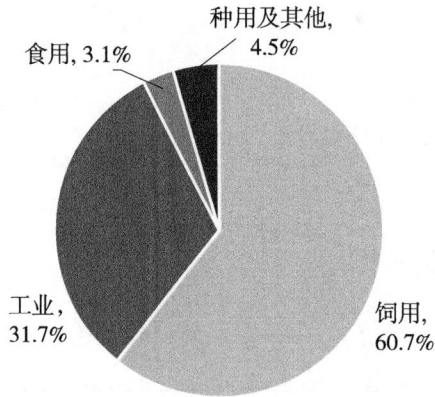

图 5-4　我国玉米消费结构

5.1.2　国内外粮食运输格局

运输是联系粮食种植和粮食加工的纽带，是粮食供应链中必不可少的重要环节。随着我国粮食生产继续向主产区集中，主销区和西部地区产需缺口进一步扩大。

1. 国内运输格局

（1）我国粮食流通总体呈现"北粮南运""中粮西运"的运输格局

2022 年，我国 13 个粮食主产区（黑龙江、辽宁、吉林、内蒙古、河北、江苏、安徽、江西、山东、河南、湖北、湖南、四川）粮食产量 5.37 亿吨，占全国粮食总产量的 78.2%；7 个粮食主销区（北京、天津、上海、浙江、福建、广东、海南）粮食产量 2965 万吨，仅占全国粮食总产量的 4.3%，粮食主销区多数是人口密集区和我国重要的粮食深加工地区。粮食主产区与主销区的空间分离，导致我国粮食实物流通量在 4 亿吨以上，其中，省内粮食实物流通量在 2 亿吨以上，跨省粮食实物流通量在 2 亿吨以上。国内粮食流通总体呈现"北粮南运""中粮西运"的运输格局，其中又以"北粮南运"为主。

（2）我国已形成三大粮食流出通道和五大粮食流入通道

三大粮食流出通道如下：东北粮食流出通道以稻谷、玉米流出为主，通过陆路运往辽宁各港口，再通过水路运到东南沿海，部分则通过陆路直接运送至京津地区；黄淮海粮食流出通道以小麦流出为主，河北、河南、山东及安徽北部地区的小麦通过陆路运往北京、天津、江苏等周边省市，部分通过陆路运往华东、华南、西南和西北省份；长江中下游粮食流出通道以稻谷为主，湖北、湖南、安徽、江西和四川五省的稻谷经陆路运往东南沿海和西南地区。

五大粮食流入通道包括华东沿海粮食流入通道、华南沿海粮食流入通道、京津粮食流入通道、西南粮食流入通道、西北粮食流入通道。

（3）大豆、玉米与口粮呈现不同的运输格局

一方面，大豆、玉米进口较多，我国粮食进口国内运输主要是先到达沿海沿江港口，然后通过铁路、公路等方式集散。自 2017 年以来，我国年均进口大豆 9000 万吨，进口大豆主要经长江流域、华北区域和华南区域的港口接卸入关，例如江苏连云港、南通港，浙江宁波港，山东日照港、青岛港、烟台港等。随着进口玉米及替代品规模的增加，华南区域和长江流域港口成为进口粮源集中到港的目的地。

另一方面，我国大豆、玉米的主产地为东北，以玉米为例，目前我国约四成的玉米流向华南地区、东南地区，主要是以集装箱或散船下海两种物流方式运输，两者运量相当；约四成流向长江沿线，主要以铁路入关、集装箱下海、散船下海三种物流方式运输；其余两成流向山东区域，主要以汽运及铁路入关两种物流方式运输。

2. 国际运输格局

世界粮食出口主要集中在南美洲、北美洲、欧洲、大洋洲等资源比较丰富的国家和地区。我国农产品出口较少。

当前，全球粮食运输严重依赖海运方式，农产品国际物流通道主要有好望角跨印度洋航线、巴拿马运河跨太平洋航线、跨太平洋航线。八大关键海峡成为粮食国际运输的重要节点。全球超过一半的玉米、小麦、大米和大豆国际贸易至少会通过 1 个海上关键节点。其中，巴拿马运河和马六甲海峡是连接西方市场和亚洲市场的关键通道，其粮食吞吐量最大，每年全球超 1/5 的大豆和 1/6 的玉米其国际贸易需要过境巴拿马运河，超过 1/4 的大豆以及 1/5 的大米需要通过马六甲海峡，超过 1/5 的小麦和接近 1/6 的玉米需要通过土耳其海峡，经阿拉伯咽喉要道苏伊士运河、曼德海峡和霍尔木兹海峡的粮食吞吐量也逐年增长，全球约 1/6 的小麦和大米需要过境苏伊士运河，近 1/7 的小麦和近 1/5 的大米需要过境曼德海峡，约 1/10 的大米需要过境霍尔木兹海峡；直布罗陀海峡是连接地中海和大西洋的重要门户，是粮食作物各品种占比最均衡的重要运输通道，约 1/8 的小麦、1/7 的大米、1/12 的玉米和 1/11 的大豆通过其运输（见图 5 - 5）。

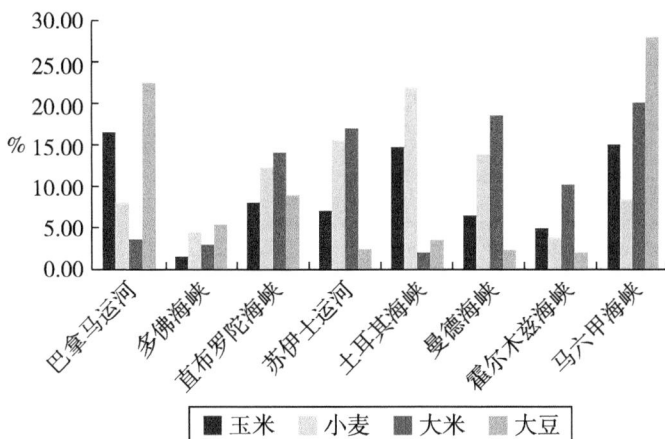

图 5 – 5　全球八个关键海峡和运河的粮食贸易量占全球总量份额
资料来源：《全球粮食贸易中关键点的风险与我国粮食安全》。

我国粮食进口主要有 3 种运输方式：

第一种，以租船方式打造海外业务运输团队。以中粮集团为例，中粮集团拥有自己的海外运输团队，以服务自身为主，同时也承揽第三方货物运输服务。目前具备粮食、铁矿石、煤炭等产品的全球远期运费定价和投送能力。拥有长期巴拿马型船及短期灵便型期租船 30 ~ 40 艘，2019 年运输总量 5000 万吨，其中内部货源量 3300 万吨，第三方货源量 1700 万吨。同时，中粮集团还参与运费指数期货和期权市场，通过期现货市场，保证运输定价，规避市场波动风险。2020 年，中粮集团承担了我国粮食进口份额的 22%。

第二种，与我国海运企业合作，部分"国货国运"。我国粮食进口企业与我国物流企业建立了合作关系。以中粮集团为例，2020 年中粮集团与中远海运的大豆合作量接近 380 万吨，占中远海运全部粮食运输总量的 50% 以上。

第三种，与海外主产国内陆运输企业合作。以巴西为例，我国粮食进口企业如中粮集团等与巴西当地卡车公司以实时报价、随用随签、短期协议形式合作，与火车、驳船公司以照付不议方式合作等。

5.2 粮食运输现存主要问题

5.2.1 进口来源地集中，运输方式单一

1. 我国粮食进口严重依赖巴西、美国、乌克兰等国家

我国粮食以进口为主，出口较少，呈现进口来源地集中、运输方式单一的特征。

大豆方面，主要进口来源国为巴西、美国、阿根廷、乌拉圭、俄罗斯等，2021 年，我国大豆进口量 9652 万吨，自巴西、美国进口占比分别为 60.2%、33.5%，二者合计高达 93.7%；2022 年，我国大豆进口量减至 9108 万吨，自巴西、美国进口占比分别为 59.7%、32.4%，二者合计高达 92.1%。

玉米方面，主要进口来源国为美国、乌克兰，2014 年之前我国玉米进口几乎完全依赖美国，2014 年之后乌克兰成为我国最大玉米进口来源国。直到 2021 年，美国再次成为我国最大玉米进口来源国。2021 年，我国自美国、乌克兰进口玉米的数量分别为 1983 万吨和 732 万吨，分别占当年玉米总进口量的 69.9% 和 25.8%，二者合

计高达 95.7%。2022 年，我国玉米进口量减至 2062 万吨，但自美国、乌克兰进口的占比仍超 95%。

2. 运输方面主要依赖单一的海运方式

我国进口大豆、玉米及其替代品、大部分小麦主要是通过散货船运输，稻谷主要通过海运集装箱运输。只有从哈萨克斯坦及俄罗斯进口的小麦通过铁路包粮运输，但受当地产量限制，进口量、运输量相对较小。进口产品到达港口、车站后，主要由公路货车承担国内运输。总体来看，我国粮食进口尤其国外端主要依赖海运方式。

5.2.2 国际运输保障能力不强

1. "国粮国运"尚未形成较大规模

一方面，我国海外物流布局尚不完善，竞争力不及国际粮商。我国农粮企业海外布局规模有限，目前海外资产布局主要集中在巴西、阿根廷、乌克兰、罗马尼亚等南美地区和黑海粮食主产区，北美、澳新等重要产地布局基础比较薄弱。我国企业在物流布局上与国际粮商存在较大差距，导致船期控制、交易机会把握等存在一定困难。

另一方面，受我国海外物流成本偏高等因素影响，我国粮食进口采购企业往往根据市场价格选择物流承运商，较多选用国外运输企业，国有航运企业承担的粮食进口规模较小，"国粮国运"比例较低。

2. 缺乏"长协"报价导致我国物流企业竞争力不高

运费定价模式方面，粮食运费已经金融化、期货化，市场竞争激烈，波动加剧，但国内运输企业主要依托船舶进行即期报价，远期报价较少，开展运费远期交易的机会有限。在海运高度市场化的背景下，货主为了控制物流成本，更倾向于采用国际海运企业通常采用的"长协"报价方式，这是我国海运企业国际物流议价能力弱、竞争力不如国际海运企业的主要原因。

5.2.3 国内运输基础设施存在短板

1. 物流通道存在能力瓶颈

大宗农产品物流方面，国内粮食、棉花流通主要以陆路运输尤其铁路为主，但"北粮南运"大通道存在着铁路运力不足的问题，不仅西南和西北地区铁路和公路基础设施相对薄弱，东北地区山海关段运输能力瓶颈问题更为突出，导致从东北地区、内蒙古粮食产区运粮到西南和西北地区能力受限。新疆地区由于铁路运输能力不足，皮棉运往棉纺织企业物流也存在不畅通的问题。大宗农产品物流通道能力在不同区域存在差异，粮食调运中西南、西北通道基础设施薄弱，关键节点少，华东沿海、华南沿海流入通道粮食分拨能力不足，多数内河粮食泊位专业化水平低、作业条件差。

2. 物流节点能力有待增强

物流行业具有公益属性，目前却基本由市场自由调节，国家对物流主体、物流设施、价格调节等支持不足，调控力度有限，导致关键物流节点能力不强。大宗农产品物流中转能力不足，粮食、棉花转运设施落后，缺乏周转能力强的大型仓库，部分关键节点粮食物流园区散粮接发设施落后，不能适应散装化运输作业需求，导致运输环节损耗大，效率不高；粮食、棉花等大宗农产品仓库设施设备建设标准较低，库房可利用率较低，相关配套设施不足，装卸作业机械化、智能化水平不足。

3. 沿海沿江粮食港口呈现"北重南轻、沿海重内陆轻"格局

目前我国粮食仓储设施区域性过剩和不足的问题并存，国内仓储物流设施布局不均衡，呈现北多南少特点。目前我国的仓储物流体系以服务北粮南运为主，东北产区仓储物流设施充足，南方、内陆销区中转仓容不足，沿海沿江等主要通道粮食专用码头数量、接卸能力不足。近年来我国粮食进口量逐渐增多，对南方粮食仓储能力提出更高要求。沿海沿江粮食港口呈现"北重南轻、沿海重内陆轻"格局。

4. 装卸仓储等环节不够适应粮食进口的形势变化

我国年均进口大豆9000万吨，主要经长江流域、华北区域和华南区域接卸入关，我国港口也形成了适应接卸进口大豆粮源的设施与操作模式。随着玉米及替代品进口规模的增加，进口玉米及替代品流入南方销区成为常态，形成了规模性、持续性的贸易模式。由于我国东部沿海部分码头的卸船设备、港区粮食筒仓主要围绕大豆

设计建造，假如玉米及替代品进口增加，需要新建或改造设施、设备，以适应进口玉米的接卸、监管要求。华南区域各港口进口品种也存在争夺港口资源的现象，沿海港口面临阶段性接卸能力不足的局面。

5.2.4 运输环节的物流成本难以压缩

1. 组织化程度较低

目前我国大宗农产品物流系统化运作机制不够成熟，远距离调运仍存在条块分割的现象，对国家近年来支持建设的物流通道、国家物流枢纽、国家冷链物流基地等物流设施利用有限；大宗产品散运设施不完善，铁路散粮入关尚处于推广阶段，主要以包粮运输为主，打包环节容易出现散落、污染等问题。

2. 各运输方式物流成本存在波动性

铁路方面，当前我国各路局针对不同客户实施以量换价的运输政策，这虽然具有很强的时效性和显著的短期拉动效果，但存在阶段性物流发运资源紧张情况，从而导致运输瓶颈问题。

汽运方面，各地区政策执行标准和力度存在差异，短期内存在区域间运力不平衡和阶段性紧张情况。

海运方面，由于海运周期性常年很强，部分时段海运价格极高，影响粮食采购、运输企业，导致价格不稳定。

3. 进口粮食滞港导致物流成本增加

我国粮食进口以 CNF[①] 为主，如果船期安排不够合理，就难以把握市场节奏，易出现滞港[②]现象。这时，货主、船公司不得不支付高昂的滞港费用，物流成本因此大幅上升，对粮食如期投放市场、发挥保供稳价作用造成负面影响。

5.3 粮食运输发展趋势分析

5.3.1 粮食行业发展趋势

总体来看，我国口粮安全有保障，大豆和玉米长期存在缺口。我国粮食生产量逐年稳步增加，需求量稳定，已基本实现谷物自给、口粮安全的目标，但粮食供求结构性矛盾依旧存在，如大豆自给率不足20%等。大豆、玉米并非我国口粮品类，加之我国耕地面积有限，而且美国、巴西等国由于大面积实施机械化作业，大豆、玉米产量高、价格便宜，在我国大豆、玉米长期存在缺口的情况下，大豆、玉米进口趋势短期内不会改变。

---

① CNF 等于 C&F，即 Cost and Freight，指卖方必须负担货物运至约定目的港所需的成本和运费。

② 若进口船期安排不合理，进口集装箱集中涌入港口，受货船延期到达、销售客户单一、疏港货车周转较慢等多重因素综合影响，港口卸载效率降低、货主提货速度缓慢、货物疏港不及时，进口货物就会严重滞港。

5.3.2　粮食运输需求发展趋势

1. 粮食调运量稳步增加

国内粮食调运总量将基本稳定在当前水平，即全国粮食实物流通量在 4 亿吨以上，其中，省内粮食实物流通量 2 亿吨以上，跨省粮食实物流通量约 2 亿吨以上。

2. "北粮南运" "外粮内运" 并存

沿海沿江运输将面临更大挑战，我国粮食生产将进一步向北方集中，但随着东北、华北加工规模和养殖规模的进一步扩大，北方用粮显著增加；沿海发达地区消费需求稳定增长，西南、中南加工和养殖用粮需求加快增长，沿海沿江等南方地区对进口粮依赖性增加，沿海一纵、沿江一横及内陆分拨体系在粮食流通中的重要性更加突出。

5.4　粮食运输面临的重大风险及其影响分析

5.4.1　国际政治环境多变增加粮食国际运输不稳定性

1. 国际政治经济关系复杂多变，影响全球农产品贸易格局

以大豆为例，我国作为全球最大的大豆进口国，进口量占全球大豆出口量的 60%。2016 年以前，美国一直是我国大豆最主要的进

口国，中美贸易摩擦以来，两国农产品贸易陷入低谷，我国从南美进口大豆的数量大幅提升，受国际政治经济关系复杂多变影响，全球大豆贸易格局发生变化。

2. 海外投资生产粮食难度较大

近年来我国粮食企业"走出去"，国企和部分私企参与海外投资，但面临投资环境、内陆运输和中转等多重风险，难以通过海外投资增强我国海外粮食自主生产能力。全球经济社会发展不平衡，以农业出口为主要产业的国家和地区往往经济发展水平不高，基础设施薄弱，法律体系不健全，利率和汇率波动幅度较大，在这些国家和地区开展海外投资风险较高。虽然澳大利亚、美国等市场体系相对健全，但受国际政治环境影响，与这些国家开展合作，我国粮食进口有一定的安全隐患。

5.4.2 疫情等突发事件加大了粮食贸易和运输的不确定性

全球突发事件给粮食贸易和运输带来冲击及挑战。全球突发事件影响下，主要粮食生产国内陆运输存在风险，部分农产品出口国供应链受阻，出现了农产品阶段性供应减量和价格波动加剧现象，进而影响到我国粮食运输与储备的安全稳定，部分粮食生产国面临罢工风险、卡车运费波动风险、通勤效率降低风险等。各国政策不同，导致进口粮食所在国国内的物流运输、加工、港口中转等重要环节运营效率下降，如卡车司机人数短缺。部分国家出台阶段性出口限制政策，虽然短期内陆续取消，但还是显著增加了农产品国际贸易的不稳定性和不确定性。途经各国运输政策的不一致和操作的不规范带来了粮食停运风险。外部生产供应与海上运输不稳定性和不确定性的增加，对我国加强粮食进口运输应急保障能力、增强交通运系统韧性提出了更高要求。

5.4.3 海上关键运输节点制约国际运输能力与安全性

海峡等海上关键咽喉要道的顺畅运行对于维护全球粮食供应和价格稳定至关重要。海峡等海上关键运输节点的中断或者阻塞，导致粮食运输延迟或者成本上升，对全球和我国的粮食安全带来威胁。海上关键运输节点中，对我国粮食进口有较大影响的有巴拿马运河、马六甲海峡、土耳其海峡和霍尔木兹海峡等。巴拿马运河和马六甲海峡在全球粮食贸易中占有重要地位，一旦中断或阻塞，将对全球粮食供应和价格稳定产生较大影响；土耳其海峡和霍尔木兹海峡也非常重要，俄罗斯、乌克兰和哈萨克斯坦的小麦出口大多需要通过土耳其海峡，霍尔木兹海峡则是波斯湾国家与世界联系的重要通道。其他海上关键运输节点则因为具备更多替代性线路或者粮食贸易量不大，对全球粮食贸易影响相对较小。

5.4.4 自然灾害风险对粮食生产与运输有较大影响

1. 全球气候变化对粮食生产格局产生影响

当前，气候变化已经对水稻、小麦和玉米等全球主要粮食作物产量产生影响。

就地域而言，欧洲、南部非洲和澳大利亚，气候变化对粮食产量的影响绝大多数为负面的，拉丁美洲为正面影响，亚洲、北美洲和中美洲则正面影响、负面影响二者兼有。

就品类而言，气候变化导致全球作物产量发生显著变化，其中，水稻产量平均每年下降 0.3% 或 160 万吨，小麦产量平均每年下降 0.9% 或 500 万吨，玉米产量平均每年增加约 20 万吨；油棕和大麦产量分别减少 13.4% 和 7.9%，大豆、高粱和甘蔗产量分别增加 3.5%、2.1% 和 1%。

2. 极端天气对粮食产量和运输过程都有所影响

海上运输通道途经地区自然灾害风险主要涉及气象、海况、地形等方面，对海上运输安全性和时效性产生较大影响。我国近 10 年平均每年农作物受灾 2400 万公顷，2021 年我国部分地区遭遇洪涝灾害、暴雨等极端天气，受灾较重，农作物受灾面积达 667 万公顷左右，极端天气对粮食生产和运输带来很大影响。

5.5 粮食运输风险应对措施和建议

5.5.1 推动进口来源地与运输方式多元化

1. 拓展进口来源渠道和运输方式

减少对单一国家和单一品种的依赖，可以从源头上降低我国进口粮食生产与运输的风险。目前我国粮食调运格局已经逐步发生变化，减轻了对美国的单一依赖，增加了对乌克兰、南美等地的粮食进口，同时也从俄罗斯、哈萨克斯坦等国少量进口粮食。但是，南美作为全球最主要的农产品出口区域，其政治环境不够稳定，具有一定风险；近年来我国虽然与乌克兰的农产品贸易往来迅速增加，但乌克兰农业生产能力有限，难以满足我国仍处于增长趋势的粮食进口需求。在这样的背景下，我国应积极拓展进口渠道，在我国实施"一带一路"倡议背景下，中欧班列等的开通，大幅提升了我国与欧洲、中亚、西亚等地区之间国际运输的安全性与可靠性，给我国粮食进口提供了更好保障。

2. 增加大豆及豆粕替代品的进口

我国进口大豆很重要的一个原因是生产豆粕，以做饲料，豆粕具有价格低和高蛋白、富含多种氨基酸等优势，但可以用双低菜籽粕、花生粕、棕榈仁粕、葵仁粕、苜蓿干草粉等作为替代品，研发提升我国饲料豆粕转化率的有效方法，可减轻我国对大豆进口的依赖性。

5.5.2 补齐我国粮食运输设施短板

1. 加快沿海沿江粮食港口装卸与仓储设施建设

建议完善沿海、沿江主干物流通道与设施，在珠三角、长三角、北部湾、东南沿海、环渤海等地区完善关键物流枢纽；在重庆、武汉、芜湖、张家港等沿江地区重点新建扩建一批规模适度、具有较强消化能力的中转分拨节点；进一步加大长江深水航道升级改造力度，提升航运效能。

2. 支持港口企业加快港铁联运物流体系建设

为适应饲料养殖产业向内陆迁移的趋势，建议在既有公路、水路疏港运输设施基础上大力发展港铁联运，扩大港口对内地市场的辐射半径，提升粮食中转效率，降低港口粮食接卸压力；同步完善与主干通道相连接的支线物流网络，结合我国养殖业发展格局，在粮食需求增长快、加工养殖产业密集、物流方式灵活的产业转移承接地打造一批衔接"北粮南运"陆路通道和沿江沿海进口分拨通道的、各种运输方式有效衔接、高效运转的综合性加工物流基地。

3. 提升港口设施对进口品类转变的适应能力

结合玉米进口量逐年增多的趋势，建议增加南方港口接卸资源和储存资源，让南方港口能够及时快捷地接卸进口玉米。外贸玉米通常使用巴拿马船型，单船运量多、运输周期长、滞期费用高，对港口中转设施能力的要求较内贸玉米高，根据市场需求和进口货源传统流量流向，建议将珠三角地区、粤西地区、北部湾地区、长三角地区、华北地区和东北沿海地区作为进口粮源主要接卸和转储地区，合理分配大豆、玉米到港方案，按照均衡、有序的原则，提升我国沿江、沿海港口综合使用效率。

5.5.3 提升粮食国际运输保障能力

1. 持续推进"国货国运"战略

加强国际物流体系建设，扶植央企加大国际物流投入，逐步提升央企物流的远洋运输能力与物流效率，加快推动我国国际运输企业建立"长协"制度，与国际物流标准对标。引导我国远洋运输企业与粮食企业增加"国货国运"合作比例，推进进口货源采用国有运力运输，保障进口大宗粮食货物跨国运输安全，扶持国有物流企业市场份额，提升中资物流企业效益，保障持续稳定的运力供应以及粮食进口安全，实现优势互补、信息和资源共享，共同建设服务于国家粮食安全的物流体系。

2. 着力培育东北、西北进境通道

俄罗斯、哈萨克斯坦及其他"一带一路"沿线国家和地区农业资源丰富，对华粮食出口规模逐步增加，未来潜力大，是保障我国粮食安全的重要进口通道。陆路运输安全性、稳定性、可控性较高，应加快完善边境口岸的散粮中转设施，提升进口中转能力，提高进口粮食国际运输的安全性与可靠性。

3. 完善国际粮食物流设施布局

着重优化我国在粮食主产国的物流设施布局，增强我国对港口码头、口岸等设施的控制力，增强我国粮食贸易主导权。进一步完

善我国在南美、黑海、俄罗斯远东等地区的设施布局，积极支持我国企业融入全球农产品供应链，构建多元均衡、安全稳定、畅通高效的粮食国际供应链体系。

5.5.4 加强粮食供应链建设，提高应急保障能力

1. 搭建粮食物流供应链体系

打造粮食流通大数据体系，整合分散在国家统计局、农业农村部、国家粮食和物资储备局、海关总署、交通运输部等的粮食流通数据，吸收行业协会、大型龙头企业信息，形成统一的、涵盖粮食流通全环节的数据库和发布平台，提升粮食供应链监测预警的信息化、智能化水平，解决效率、成本、服务等各环节存在的问题，从优化布局、方案设计、物流组织、过程管控、应急响应、趋势研判等多维度提升运营质量，重点聚焦通过提高物流效率使服务和成本全面改善，为管理市场预期提供支撑，逐步提升我国在国际粮食市场上的话语权，逐渐提高 FOB① 贸易方式比例。

2. 增强我国粮食储备与应急能力

依托政府粮油储备基地、骨干龙头企业、物流节点、军粮保障中心等，充分整合社会现有的生产、加工、物流、仓储资源，分层级构建区域级、省级、市县级应急保障中心和跨区域应急保障供应

---

① Free on Board，离岸价格。

体系，增强应对突发事件的灵活性和及时性；打造粮情预警监测体系，完善粮食生产波动率、粮食储备量、粮食价格波动率等预警指标体系，广泛应用大数据、云计算等现代信息技术，健全粮油市场监测网络，准确把握国内外粮食形势，设立中央粮食安全预警中心，提供及时、准确、全面的市场信息服务，防范市场异常波动风险。

第六章

我国生鲜农产品物流高质量发展研究

近年来，随着我国居民收入水平的不断提升，居民农产品消费结构调整，健康、新鲜的生鲜农产品（主要包括水果、蔬菜、肉类、奶类、水产品等）消费量快速增加、消费比例不断上升。我国居民对净菜、半成品、生鲜产品等中高端农产品提出了更高要求。同时，生鲜农产品产业组织模式、流通模式快速发展，物流行业不断创新，涌现出生鲜电商、社区团购等新业态。生鲜农产品具有易腐易损性，难以大量长期保存，疫情防控期间频发的批发市场关闭、居民生鲜农产品断链问题，更是暴露出生鲜农产品物流方面的不足。生鲜农产品对物流模式也提出了更高要求。

本章结合我国生鲜农产品生产、组织、流通模式现状，分析由经销商、多级批发市场等共同构成的主流流通方式，以及生鲜电商、社区电商等农业与物流业融合发展的新流通业态，结合新形势对生鲜农产品的需求，借鉴发达国家或地区的先进、成功经验，探索我国生鲜农产品物流发展方向，为行业部门政策制定提供参考，促进我国生鲜农产品物流健康发展。

6.1 生鲜农产品生产消费及运输现状

6.1.1 主要生鲜农产品种植/养殖情况

随着我国居民对生鲜农产品需求的不断增加，蔬菜、茶园、果园等生鲜农产品种植面积不断扩大，我国猪、牛、羊等牲畜饲养规模不断扩大，人均主要农产品产量总体呈增加趋势，具体数据见表 6-1 至表 6-3。

表 6-1　　　　　我国主要生鲜农产品种植面积　　　（单位：千公顷）

年份	2000	2010	2015	2020	2021
蔬菜	15237	17431	19613	21485	21986
茶园	1089	1932	2641	3217	3308
果园	8932	10681	11212	12646	12808

表 6-2　　　　　　　　我国牲畜饲养规模

年份	2000	2010	2015	2020	2021
肉猪出栏数（万头）	51862	67333	72416	52704	67128
牛年底数（万头）	12353	9820	9056	9562	9817
羊年底数（万只）	27948	28730	31174	30655	31969

表 6-3　　　　　　我国人均主要农产品产量　　　　（单位：公斤）

年份	2000	2010	2015	2020	2021
猪牛羊肉	37.6	46.2	48.5	37.4	46.1
水产品	29.4	40.2	44.9	46.4	47.4
牛奶	6.6	22.7	23.0	24.4	26.1

6.1.2 生鲜农产品进出口情况

我国主要生鲜农产品如牛肉、猪肉、水海产品、乳品和鲜、干水果及坚果等进口数量不断增加，如表6-4所示。

表6-4 　　　　　　　我国主要生鲜农产品进口数量 　　　　（单位：万吨）

年份	2017	2018	2019	2020	2021
牛肉	70	104	166	212	233
猪肉	122	119	211	439	371
水海产品	294	340	444	401	377
乳品	254	274	306	337	395
鲜、干水果及坚果	451	565	709	654	814

6.2 生鲜农产品物流存在的主要问题

6.2.1 物流设施有待完善

1. 物流通道存在能力瓶颈

生鲜农产品物流方面，缺乏完整独立的冷链物流体系，从田间地头到运输、销地配送等，冷链设施严重缺乏，绝大多数农产品在常温环境下流通，采用冷链物流的比例较低，生鲜农产品物流通道运输质量有待提升。

2. 存在区域差异和城乡差异

生鲜农产品物流体系存在部分地区、部分品种供给不足的结构性矛盾，区域性特征明显，现代化、专业化物流设施分布不均衡，例如，冷链、冷库、农产品批发市场、物流产业园等多分布在中东部发达地区，西部欠发达地区较少。另外，相较于城市，农村物流设施规划滞后、布局不合理、网点数量不足，田间地头缺乏预处理设施，仓储物流设施简陋、功能有限。

3. 物流节点能力有待增强

生鲜农产品物流节点能力有限，我国农产品批发市场通常为股份制企业或民营企业，需收取摊位费、交易费等，以维持运营、实现盈利，这增加了农产品流通成本，且难以发挥公益性职能，收购滞后、价格不稳、食品安全意识薄弱等问题频频发生，设施短板也较多，产地批发市场、销地批发市场缺乏加工中心，大型商超和电商企业在城市郊区缺少集仓储、分拣、加工、包装等功能于一体的生鲜农产品公共加工配送中心（俗称城郊"大仓"），即使有也多为租赁，普遍存在分拣、加工能力不足及自动化水平低的问题，各环节都增大了生鲜农产品损耗，供应能力难以扩大，对提供净菜等高品质产品和提供高质量物流服务造成了影响。

6.2.2　物流组织模式有待优化

1. 组织化程度较低

当前，我国生鲜农产品物流专业化和标准化程度不高，一方面，农产品初加工过程专业化、标准化程度低，各品类保质、保鲜所需温度条件存在差异，储存和周转过程中大部分农产品运营企业对产品信息不能及时了解，做的只是简单分拣、包装工作；另一方面，农产品物流以常温物流形式为主，各地各环节冷藏设施数量少、标准不统一，市场化程度低，缺乏专业化运作，尚未形成从原产地到消费终端的完整冷链物流链条。

2. 物流主体小而散

生鲜农产品流通一般由产地经纪人、长途贩运商、销地批发商、终端零售商等物流主体完成，在农业生产相对分散的背景下，各环节物流主体均未形成规模。现阶段普遍缺乏能代表农民与批发市场等的谈判主体，农民话语权不足；经纪人数量庞大，但在工商登记的不到两成，且质量安全方面意识薄弱，甚至囤积居奇、炒作价格，物流能力更是有限；农产品协会方面，则没有形成有区域控制力、全国控制力的协会组织；批发市场中成规模的批发商比例较低；零售环节多由农贸市场的夫妻店、个体经营的社区菜店经营，由大型企业开设的生鲜连锁经营店比例不高。虽然我国大宗农产品物流主体规模相对较大，但与对全球、贸易与流通体系有着影响力的跨国企业相比，仍有一定差距，国际竞争力弱、话语权弱。

3. 冷链物流模式应用不足

区域上看，不同地域冷库等物流设施水平存在差异，冷链物流基本停留在运输与冷藏环节，部分产品在流入集贸市场拆零散卖过程中也时而出现"断链"现象。方式上看，目前生鲜农产品冷链物流主要采用公路运输形式，合规冷藏车数量不多，而航空、铁路等运输形式还处于起步阶段，并且很多运输过程还采用棉被、塑料苫盖等"土保温"方法，技术装备相对落后，信息技术应用不足。

6.2.3 物流新业态有待扶持

1. 政策支持有待加强

电商企业在社区设置的前置仓没有交易功能，只提供分拣、加工、配送到家服务，地方政府对前置仓的管理不一致，有的将其作为食品经营企业管理，有的将其作为物流仓库管理，基本都是从传统行业而非新业态新模式角度看待，制约了前置仓和生鲜电商的发展。社区菜点可以按照商务部规定的"便民业态"享受减免税收政策，且社区街道有开店数量等考核指标，社区菜点可寻求社区帮助选址，但提供相似功能的前置仓由于缺乏政策规定，目前不能享受相关优惠政策。除此之外，城市配货车辆通行受限。商超门店、电商前置仓等终端网点需要的商品，均由城郊具有初步清洗、加工、包装、储藏、配送功能的"大仓"配送，城区货车管制，使销售规模快速增长、消费者希望一日内有多个送达时段的需要难以实现。

2. "最后一公里"品质难以保证

生鲜电商新业态通常采用前置仓、前仓后店等模式，生鲜超市通常采用前仓后店模式，由于网点统一规划和配套建设不够，生鲜超市、电商前置仓普遍存在终端选址难的问题，致使电商终端配送半径大、时间长，需要通过配送服务弥补不足。一方面，电商配送通常使用新能源小货车，但城区公共充电桩不足，反复充电增加了配送时间；另一方面，居民小区、办公楼宇配套建设的自提柜、自提货架等终端设施不足，尤其是适合生鲜农产品使用的冷藏柜严重不足，只能选择"送货到家"模式，配送员送货上门时消费者又经常不在家，带来物流效率不高、生鲜产品质量难以保证、环境污染增加等问题。

6.2.4 物流成本较高

1. 物流环节较多

我国农产品流通要经历收购、存储、流通、销售等多个环节，尚未形成规模，合作化、组织化程度较低。在生鲜农产品领域，农产品经由经纪人运至产地批发市场，对接销地批发市场，再通过二级批发商等分销至零售端农贸市场、超市、社区菜店等，最终到达终端消费者手中。由于供应链冗长，农产品经过每层环节的储存、运输、装卸后损耗较大，再叠加运输成本、人工成本，导致物流成本较高，产销两地产品差价较大，"菜贱伤农"与"菜贵伤民"的现象同时发生。

2. 产销对接不畅通

目前我国批发市场信息化实际应用较少，对农民种植、销售引导的作用有限，产销对接精准程度受到影响。既有的生鲜农产品物流模式，最重要的批发市场环节存在交易方式落后的问题，受空间限制以及保鲜冷藏设施缺失限制，很多市场无库存能力，绝大多数生鲜农产品只能现货、短时间内交易，并且农产品非标准化问题突出。

3. "最初一公里"和"最后一公里"成本偏高

我国农产品生产规模小而主体分散，产地通常缺乏预处理设施，生鲜农产品更是由分散的农户生产后，经大量经纪人收购后转卖到批发市场，"最初一公里"问题亟待解决；大中城市终端门店租金贵问题突出，加之人工费用高昂，物流成本的增加，进一步加大了生鲜商超和生鲜电商等业态经营压力，"最后一公里"问题有待解决。

6.2.5　物流监管有待加强

1. 流通关键节点安全性有待加强管理

目前，我国对批发市场等关键流通节点缺乏法律法规等硬性要求，流通端自身环境难以保持整洁，对冷链物流等消毒管理不到位，作为大量人口流动、农产品流通的场所，隐患频发，监管管理工作有待加强。

2. 对市场秩序监管不足

一方面，由于缺乏统筹规划和有序引导，我国批发市场无序竞争现象普遍，"输家"倒闭导致既有设施未能充分利用，"赢家"则缺乏竞争、形成垄断，并存在收取高额摊位费、纵容批发商哄抬物价等行为。

另一方面，流通节点对农产品流入把控不到位，农产品质量由生产端、流通端和市场端共同决定，大量经纪人从农民处采购农产品时通常缺乏检测手段，批发市场等重要流通端缺乏硬性执法条件，各环节食品安全意识均较为薄弱，导致大量非标准化农产品流入市场。

3. 对物流环节监控不足

生鲜农产品在运输环节存在"断链"问题，一方面，虽然目前中央、地方和各行业出台的冷链标准多达上百项，但推荐性标准居多，通用性、强制性标准较少；另一方面，生鲜农产品在交接过程中缺乏严格的物流质量标准和检验手段，这使生鲜易腐低温产品"不冷"成为常态。生鲜电商等新业态在发展过程中也暴露出一些问题，如缺货仍在售卖、订单配送不及时、产品标准化不足、存在腐烂等。

4. 监管缺失与监管过度问题并存

农产品物流管理涉及商务、交通、农业、消防等多个部门，各部门间信息共享、监管协同机制不畅，对新业态、新模式的监管包容性不足，交易制度成本较高。物流领域信用体系建设相对滞后，监管部门执法依据、执法手段、执法力量尚待健全完善，监管缺失与监管过度问题并存，消费者和物流企业利益受到损害。

6.3 生鲜农产品物流发展方向研判

6.3.1 生鲜农产品行业发展趋势

1. 农业生产模式近期难以发生重大变化

受土地政策和现有农业生产组织模式制约，短期内我国大宗农产品和生鲜农产品流通总量和流通模式变化不大。

大宗农产品方面，以流通量最大的粮食领域为例，我国粮食产量基本稳定，但居民消费量不断增加，因此仍需部分进口。我国粮食生产向黄淮平原、松花江平原等产区集中的趋势越发明显，但在现有土地政策下，我国粮食生产仍将是农民分散生产格局。

生鲜农产品方面，流通总量仍将逐年稳步增长，基本仍是由当前的主要流出区流向主要流入地。订单农业、产地直销等模式占比将逐渐提升，但总体上占比仍较低，且稳定性不强，无论是大宗农产品还是生鲜农产品，"千家万户"的"小生产"模式仍将长期存在，这要求物流模式在适应相应需求基础上优化升级。

2. 以批发市场为主体的流通模式仍将是流通重要渠道

小规模、分散的农业生产背景下，农产品的集结、疏散是流通的关键，全品类的多级批发市场覆盖了从产地到销地的关键流通节点，以批发市场为主体的流通模式仍将长期存在。但随着批发市场升级改造、信息化应用，以及部分大型批发市场企业开始市场化运营，逐步参股、管理其他城市甚至其他省份的重要批发市场等，批发市场延伸掌控全物流链的比例将逐渐提升，流通组织规模化、专业化、规范化程度将大幅提升，尤其是田间地头收购将逐渐集中化、标准化，"千军万马"的"小流通"格局将相应转变，农产品流通的组织化程度、安全性将有所提升。

3. 生鲜电商等新业态在大中型城市中的占比将逐渐提升

生鲜超市、生鲜电商、社区团购、直播卖货等新业态在大中型城市中的市场份额将逐渐提升，虽然市场占比仍远小于批发市场模式，但其将与多级批发市场模式长期共存。

一方面，大中型城市部分消费者对网络下单、按时配送、净菜加工、商品标准化、无接触配送等的要求更高，他们愿意为更高品质的生鲜农产品付出更多，这使生鲜超市、生鲜电商、直播卖货等新业态具有良好的发展基础。

另一方面，生鲜超市、生鲜电商、直播卖货等模式都具有一定比例的产地直采，在规模效应下，该模式比批发市场模式更节约采购与流通成本，可弥补加工成本和配送成本。

6.3.2 生鲜农产品物流行业发展趋势

在我国农产品物流发展过程中，政府应"有抓有放"。

一方面，政府应持续发挥引导作用并逐渐增强参与程度，形成对关键物流环节的"抓手"。

另一方面，政府应引导市场发挥对资源要素的配置作用，推动物流领域进一步市场化，提升物流行业集中化、标准化水平。

1. 物流服务规模化

（1）骨干批发市场队伍形成

随着国家物流枢纽、国家骨干冷链物流基地的建设，我国将逐渐构建起骨干农产品流通设施网络。生鲜农产品方面，在当下的农业生产、组织模式下，预计今后较长一段时期内，农产品批发市场仍将是我国鲜活农产品流通的中心环节。随着国家对批发市场等物流关键节点扶持力度的逐渐加大，一批交易规模大、管理规范、辐射面广的骨干批发市场将组建起农产品流通行业的"国家队"，成为国家指导农产品物流行业的重要抓手。

（2）大型农产品批发商显现

我国农产品批发市场内批发商发挥着重要作用，其承担着70%以上的生鲜农产品流通任务，但存在数量多、小而散的特点，但随着批发市场转型升级，批发商将出现"头部效应"，单品经营"大王"等将通过建生产基地、建产地市场等方式掌控货源，批发商数量将逐渐减少、资源聚集程度将更高，流通环节将由过去的"千军万马"向"精兵强将"转型升级。

（3）行业协会作用逐渐增强

随着批发市场等关键物流节点的壮大、产地经纪人的逐渐规模化，专业合作社、行业协会的作用也将发挥，其将代表农民群体与大型经销商谈判、争取权益等，尤其是农产品优势产区和大中型城市郊区，将率先出现一批种植、养殖专业合作社、规模化生产主体以及农民群体性组织，在代表农民集团利益的同时，负责约束参与协会的农民按协议履行种植义务，以保证农产品质量。

2. 物流服务全程化

（1）组织化水平大幅增强

农产品物流标准化水平的提升是全流通过程组织化水平提升的基础，农产品质量等级化、包装和重量标准化是未来发展趋势，也是促进农产品物流全程规范化的必经之路。物流行业将进一步市场化，大型农产品批发市场、连锁超市、生鲜电商、物流平台等将向上游种植端延伸，与产区合作创建标准化生产基地等，不断提升农业生产的组织化、规模化程度；同时，向下游消费者延伸，在互联网技术的加持下，批发市场也可能形成自身的加工服务、配送服务等，总体上看全流程组织化程度将提升。

（2）全程化物流增多

随着物流基础设施的持续建设，农产品主产地和集散中心将会建设更多专业化现代农产品仓储中心或物流配送中心，以统一协调农产品运输、储存、装卸、搬运、包装、配送、分销等一系列物流活动，为进一步整合既有物流资源，催生跨区域的、联系起田间地头与各级批发市场甚至销售终端的全程物流提供基础条件。建立起纵向联合、一体化的农产品流通渠道，可促进物流体系各节点更加顺畅、便捷地交流交易，最大程度降低生产成本和流通成本。

（3）对农产品标准化要求提升

随着农产品智能化、信息化水平的提升，农产品追溯能力增强，农产品物流作为农产品流通的关键环节，对农产品流入市场发挥着监督管理作用，构建基于物流体系的农产品质量安全监控及溯源平台，实现农产品物流体系各环节动态监管及跟踪，倒逼农产品生产安全化、产品标准化，是我国农业发展的大趋势。

3. 物流服务品质化

（1）专业化物流壮大

随着我国经济社会发展对物流发展提出更高要求，冷链物流、电商物流、大宗物流、直采物流等将更快发展，尤其是冷链物流，所占比例将会越来越高，产地预冷、仓储冷库、销地冷链设施等将逐渐完善，产后商品处理技术、低温控制技术、包装规模化技术、一体化冷链技术、温度监测技术、食品追溯技术、生鲜农产品质量等级化技术、上下游企业冷链对接技术、供应链管理技术、食品追溯技术等各类保鲜技术、低温运输现代农产品冷链物流作业技术将加快发展，物流环节损耗将会持续减少。部分批发市场将向专业批发市场转型，开展适合自身发展的业务，提供与自身、市场相匹配的物流服务。

（2）批发市场智能化

随着部分大型农产品批发市场建立高效、快捷的电子结算系统，商户之间"一卡通"电子交易更加安全、及时，批发市场可逐步建设覆盖农产品进场、检测、交易、结算等环节的全程信息管理体系，通过批发主体备案入场登记、检测登记、交易登记、源头控制、信息追溯，实现产地农产品品种、上市量、生产者基本信息、产地、联系人、检测及质量等级等信息的全程可查。

（3）线上与线下融合更加紧密

一方面，传统物流模式将逐步升级，应用互联网、物联网、大数据等现代技术，打造"智慧农产品批发市场"。此市场具备电子结算、信息发布、前端产地追溯、后端消费者追溯能力，对农业产业链各环节进行数据监控和分析，作为物流配送规划者与主要实施者，通过供应链一体化整合，为供应链体系内的其他成员提供系统化的配送活动，在供应链上游通过与农户、生产基地、产地采购组织等形成稳定的战略联盟，在供应链下游同合作商户、社区菜店、超市等零售实体合作，形成产销合作联盟；同步发展农产品电子商务，形成"互联网＋批发＋共同配送"的O2O[①]，向体系内成员提供更加统一化、系统化、标准化的配送服务。

---

① Online to Offline 的缩写，即线上到线下的商业模式。

另一方面，生鲜超市、生鲜电商、社区团购等不仅会通过自建App①、上线微信小程序、入驻第三方电商平台方式加大线上销售、到家服务，与批发市场、农产品基地等的联系也会更为紧密，在农产品主销地建立农产品展示中心、专营店或直销店等零售终端，配备冷藏和检验检测等设备，保证农产品"最后一公里"质量安全。

6.4 生鲜农产品物流发展政策建议

6.4.1 完善行业支持政策

1. 加强关键物流节点建设与管理

建议基于国家物流枢纽、国家骨干冷链物流基地建设，加快构建骨干农产品流通设施网络。

大宗农产品方面，应加大具有国际竞争力的跨国粮企培育力度，以提高我国在全球粮食贸易中的话语权。

生鲜农产品方面，应重点支持部分骨干批发市场建设与管理，明确地方政府承担布局、转型升级本地批发市场的主体责任，由其负责统筹规划布局批发市场、加工中心、配送中心等物流设施，地方政府可通过参股等方式增强控制力，积极引导企业提高冷链服务

---

① Application，指手机应用程序。

质量、提升物流效率。

2. 完善农产品流通相关扶持政策

建议进一步细化有关农产品产后、运输、销地批发、城市配送、终端零售等的政策措施，鼓励行业协会、供销合作社、农民合作社等发挥作用，从源头上加强物流组织化程度；鼓励市场形成全链条物流服务，降低税收负担，培育大型批发商，提升物流行业集中度；完善集贸市场和社区菜店网络，降低批发市场交易费、摊位费等；对农产品物流设施用地给予用地指标，探索地方政府通过土地作价入股等特殊方式，同时严格禁止后期用途和性质变更。资金方面，除了加大国家资金扶持力度外，建议通过政策性银行加大对批发商的扶持力度，针对批发商抵押物少、资金需求急的特点，发展农产品仓储抵押贷款、订单质押贷款等业务。另外，结合生鲜电商等新业态发展特点，建议及时修订相关规定，将"中央厨房"集约式发展和消费者需要的初加工产品如鲜切菜等纳入《鲜活农产品品种目录》。

3. 研究出台农产品流通行业行政法规

我国现有《粮食流通管理条例》《乳品质量安全监督管理条例》，果蔬等生鲜农产品领域建议参照日本《批发市场法》《蔬菜生产销售稳定法》等法律法规，研究出台有关生鲜农产品流通的管理条例，以法律方式明确生鲜农产品流通行业的公益属性，尤其是针对批发市场等物流关键节点，应明确中央政府、地方政府在规划制定、稳定市场、政策支持等方面的责任和义务。

6.4.2 建立调控目录与配套基金

1. 建立生鲜农产品调控目录制度

参照日韩、美欧等发达国家将部分鲜活农产品列入稳定价格管理目录的做法，建议建立中央、地方生鲜农产品调控目录。中央层面建立基本蔬菜品种调控目录，对纳入目录的品种，当出现跨区域层面市场异常波动时，采取必要措施。地方层面结合当地特点，将当地生产和消费的常见生鲜农产品纳入调控目录，充分发挥区位、技术和市场优势，采取针对性措施，重点抓好调控目录内蔬菜品种的生产和调控，确保较高的自给率，保障市场供应和价格基本稳定。完善现行"菜篮子"市长负责制，除了现有的销售价格不能大幅上涨以外，建议将解决"卖难滞销"问题也列入"菜篮子"市长负责制考核指标，以改善目前"调高"不"调低"的现状。

2. 发布监测预警与信息引导

随着大数据、云计算、人工智能、卫星遥感等现代技术的进步，建议充分运用国家相关部门目前掌握的种子销售、种植意向、作物长势、市场交易、流通运输、加工贸易等信息，建立健全覆盖全产业链的信息监测分析发布预警大数据体系，及时发布供需平衡表、产销动态等市场信息，从生产端引导农民种植品类及规模，针对容易出现价格大幅波动和滞销的地区和品种，对不同区域、关键时节上市数量、流向、价格等进行预警，加强产销对接。

3. 研究恢复价格调节基金

我国除西藏自治区，各省、区、市均曾依据《中华人民共和国价格法》设立过价格调节基金，多年来在生鲜农产品基地建设、组织开展价格保险试点、减免批发市场进场费、向困难群众发放价格临时补贴等方面发挥了重要作用。但自 2016 年以来，为减轻企业负担，我国取消了价格调节基金。建议恢复价格调节基金，并明确国家政府、地方政府、经营主体（生产者）承担补贴比例，同时严格规定资金使用方向，如重点用于生鲜农产品主产区价格保险补贴等，从源头上减少农产品价格大起大落。

4. 建立应急保供调控制度

依托大型农产品批发市场、大型连锁超市、生鲜电商以及骨干物流企业等，建立应急保供企业名单。针对突发事件，各部门应迅速形成协调机制，充分发挥大型物流企业的作用，确保应急农产品物流顺畅，妥善处理极端情况下的产品调配、保供稳价、运输等问题。

6.4.3 积极推动物流业态升级

1. 推动传统业态升级优化

合理规划布局批发市场，加快批发市场升级改造，应用数字化和智能化等技术，加强产销对接，减少流通环节；鼓励批发市场培育自有物流和自营品牌产品，推广线上交易、集中配送，推动批发市场向产销集散中心、物流配送中心、远期和电子交易中心、信息汇集中心方向发展；提高经营标准化程度，提高批发市场区域仓储、配送和分拨能力，减少对城市造成的拥堵和污染；鼓励新业态与传统业态融合发展，以农产品批发市场为核心，紧密联系起经销大户、合作社、超市、电商平台以及第三方物流等利益相关角色，提升物流效率、降低物流成本，并择机开展示范试点，推广成功经验。

2. 打通产地销地环节

鼓励创新农产品流通模式，提升农产品流通全过程的信息化、标准化和冷链化水平，完善信息设施、冷链设施，完善产地初加工、预冷等设施，减少农产品物流过程损耗，降低从地头到产地经销商、产地批发市场间的"最先一公里"流通成本；鼓励发展农产品电商、直采直购、净菜加工等模式，加强产销对接，减少流通环节，降低从销地批发市场到销地经销商、消费者的"最后一公里"流通成本。

3. 为新模式打造良好发展环境

明确生鲜电商前置仓等物流设施属性，其与生鲜超市同样属于便民业态，可享受租地、税收等相关优惠政策；完善生鲜电商前置仓管理，建议将前置仓作为食品经营企业的"外设仓库"，可稍做加工，售卖鲜切菜、宰杀后的鱼等；加强生鲜农产品流通设施规划布局，根据大城市功能区在城郊规划建设若干功能完备的"大仓"，结合街道、社区分布情况，规划建设超市门店和前置仓等末端网点，鼓励生鲜商超和电商与居民小区、办公楼宇物业合作建设冷链自提柜、自提货架；完善城市配货车辆通行政策，适应超市门店、前置仓生鲜农产品销售多批次补货特点，为骨干生鲜商超和电商企业增发城区配货车辆通行证，逐步给予城区道路全时段通行权。

6.4.4 加强行业监督管理

1. 政府应承担起公共管理角色

加强农产品物流监督和管理，建立供应链可追溯体系。建议政府组织建立农产品质量安全追溯体系，并提供可供企业使用的平台，打通从田间地头到餐桌的"产供销"信息渠道，通过"互联网＋"方式提升行业监管能力，利用"政府监管平台、平台监管企业"方式，逐步实施平台数字化管理。加强对物流主体的职业技能培训，提升从业者职业水平，加强对批发市场等核心企业负责人的培训，加大对高校等专业培训机构的人才扶持力度，加强对批发商、经纪人等经营人员的诚信理念培训等。

2. 加强关键物流节点监管力度

提升货物流入批发市场过程中的监管和追溯能力，在人流密集的交易场所和大厅可引入人脸识别设施，全方位多角度监控经营流程，建立人流、物流数字化追溯体系，实现物流人员与生产、批发、零售环节的数字化链接，搭建起大数据监管体系。

3. 营造良好营商环境

建议梳理农产品生产、加工、储运和交易等环节的收费规定，改善流通环节，提升对农产品质量的检测监管力度，以助力我国农产品标准化发展、品牌化打造以及国际市场化扩展；加大对农产品尤其是生鲜农产品产供储销过程中价格行为的监管力度，严厉查处价格欺骗、串通涨价等违法行为，排除限制市场竞争的垄断行为，维护市场竞争秩序。

参考文献

［1］李碧珍．我国农产品物流模式演进分析［J］．当代中国史研究，2008（3）．

［2］曾欣龙，圣海忠，姜元，等．中国农产品流通体制改革六十年回顾与展望［J］．江西农业大学学报（社会科学版），2011，10（1）．

［3］姜鹏．京郊蔬菜流通效率问题研究［D］．北京：中国农业科学院，2014．

［4］薛建强．中国农产品流通模式比较与选择研究［D］．大连：东北财经大学，2014．

［5］贺盛瑜，马会杰．农产品冷链物流生态系统的演化机理［J］．农村经济，2016（10）．

［6］秦丽英．浅析农产品物流系统的模式和要素［J］．河北企业，2013（2）．

［7］朱自平．我国农业产业化历程中农产品物流问题研究［D］．天津：天津大学，2008．

［8］郭丽华．我国农产品现代物流系统分析［J］．科技与管

理，2006（5）.

［9］李思聪．我国农产品冷链物流协同发展动因及对策研究［D］．天津：天津大学，2013.

［10］姚今观．农产品流通体制与价格制度改革的新构想［J］.财贸经济，1996（5）.

［11］温思美，罗必良．论中国农产品市场的组织制度创新［J］.学术研究，2001（1）.

［12］马增俊．中国农产品批发市场发展现状及热点问题［J］.中国流通经济，2014，28（9）.

［13］孙本川．农产品批发物流市场的系统布置规划与方法［D］.重庆：重庆大学，2016.

［14］寇平君，卢凤君，沈泽江．构建我国农产品市场流通模式的战略性思考［J］.农业经济问题，2002（8）.

［15］郭晓鸣，廖祖君，付娆．龙头企业带动型、中介组织联动型和合作社一体化三种农业产业化模式的比较：基于制度经济学视角的分析［J］.中国农村经济，2007（4）.

［16］MILI S. Benchmarking Agri – Food Value Chain Performance Factors in South Mediterranean Countries［C］//Proceeding in System Dynamics and Innovation in Food Networks 2017. Germany：International Journal on Food System Dynamics，2017.

［17］周立群，曹利群．农村经济组织形态的演变与创新：山东省莱阳市农业产业化调查报告［J］.经济研究，2001（1）.

［18］宋则．稳定农产品市场要实行"反周期"调控［J］.价

格理论与实践，2012（5）.

［19］郭崇义，庞毅. 基于流通实力的农产品流通模式选择及优化［J］. 北京工商大学学报（社会科学版），2009，24（4）.

［20］周洁红，金少胜. 农贸市场超市化改造对农产品流通的影响［J］. 浙江大学学报（人文社会科学版），2004（3）.

［21］邓涛. 生鲜农产品零售业态变革研究［D］. 武汉：华中农业大学，2006.

［22］张赞，张亚军. 我国农产品流通渠道终端变革路径分析［J］. 现代经济探讨，2011（5）.

［23］胡天石. 中国农产品电子商务模式研究［D］. 北京：中国农业科学院，2005.

［24］赵苹，骆毅. 发展农产品电子商务的案例分析与启示：以"菜管家"和 Freshdirect 为例［J］. 商业经济与管理，2011（7）.

［25］张夏恒. 生鲜电商物流现状、问题与发展趋势［J］. 贵州农业科学，2014，42（11）.

［26］刘建鑫，王可山，张春林. 生鲜农产品电子商务发展面临的主要问题及对策［J］. 中国流通经济，2016，30（12）.

［27］郑红明. 基于政府导向的农产品电子商务发展模式研究：以韶关市为例［J］. 经济研究参考，2016（21）.

［28］崔鲜花. 韩国农村产业融合发展研究［D］. 长春：吉林大学，2019.

［29］李玲. 新型城镇化背景下农产品直销模式研究［J］. 农业经济，2016（2）.

［30］赵晓飞，李崇光．农产品流通渠道变革：演进规律、动力机制与发展趋势［J］．管理世界，2012（3）．

［31］王俣含．新型城镇化背景下我国农产品物流系统演化研究［D］．北京：北京交通大学，2019．

［32］钟诚，罗小凤．农产品物流模式的演化要素及其选择研究［J］．海峡科学，2017（5）．

［33］刘冬梅．我国农产品物流模式分析与对策研究［D］．石家庄：河北科技大学，2014．

［34］胡华平．农产品营销渠道演变与发展研究［D］．武汉：华中农业大学，2011．

［35］毕玉平，陆迁．生鲜农产品物流模式演化的关键要素分析研究［J］．经济问题，2010（8）．

［36］杨蕾．京津冀都市圈农产品物流系统优化研究［D］．保定：河北农业大学，2011．

［37］李慧．山东省农产品物流节点布局研究［D］．太原：太原理工大学，2014．

［38］黄修贤．"环首都一小时鲜活农产品流通圈"物流园区布局研究［D］．北京：北京交通大学，2017．

［39］皇甫军红．城镇化背景下社区农产品配送问题简析［J］．山西农业科学，2013，41（9）．

［40］郎庆喜，陈艳红，赵冰，等．城乡统筹背景下的农产品物流模式研究：以安徽省为例［J］．安徽农业科学，2015，43（13）．

［41］DING M J，JIE F，PARTON K A，et al. Relationships between quality of information sharing and supply chain food quality in the Australian beef processing industry［J］. The International Journal of Logistics Management，2014，25（1）.

［42］王志国. 生鲜农产品冷链物流发展战略构想［J］. 物流技术，2016，35（3）.

［43］汪苗苗. 我国生鲜农产品电商物流发展问题及对策［J］. 农技服务，2020，37（4）.

［44］刘书艳. 农产品流通中存在问题及优化策略研究：基于新型城镇化建设背景［J］. 经济问题，2016（5）.

［45］胡江虹，刘晗兵，李琳. 我国区域农产品物流体系构建［J］. 农业工程，2018，8（10）.

［46］邱昭睿. 基于城镇化进程的农产品流通模式优化研究［D］. 天津：天津师范大学，2014.

［47］周晓晔，刘英，马菁忆. 城镇化背景下农产品物流发展模式研究［J］. 沈阳工业大学学报（社会科学版），2016，9（6）.

［48］杨佩蓉. 大数据时代下智慧物流系统体系构建研究［J］. 经济研究导刊，2020（6）.

［49］彭芬，张明玉，孙启萌. 我国农产品物流模式发展动力机制研究［J］. 管理现代化，2009（3）.

［50］隋博文. 多重视角下的农产品流通模式研究：基于文献综述的考量［J］. 广西经济管理干部学院学报，2015，27（3）.

［51］刘刚. 鲜活农产品流通模式演变、动因及发展趋势研究［J］. 农业经济，2015（1）.

［52］孟雷．我国农产品现代流通体系建设中的问题与对策［J］．中国流通经济，2013，27（1）．

［53］王静．建立现代农产品物流与农村经济的可持续发展结构：基于西方发达国家农产品物流分析［J］．学术论坛，2015，38（1）．

［54］洪岚．我国城市农产品流通主要特点及发展趋势［J］．中国流通经济，2015，29（5）．

［55］石岿然，孙玉玲．生鲜农产品供应链流通模式［J］．中国流通经济，2017，31（1）．

［56］施先亮．我国农产品物流发展趋势与对策［J］．中国流通经济，2015，29（7）．

［57］卢奇，洪涛，张建设．我国特色农产品现代流通渠道特征及优化［J］．中国流通经济，2017，31（9）．

［58］邬文兵，王侯含，王树祥，等．我国农产品物流系统自组织演化研究：前提、诱因、动力和路径［J］．经济问题探索，2017（12）．

［59］孟志兴，王广斌．我国农产品物流渠道分析及对策建议［J］．中国流通经济，2012，26（4）．

［60］胡非凡，张婷．电子商务背景下我国生鲜农产品冷链物流发展研究：以每日优鲜为例［J］．物流工程与管理，2019，41（12）．

［61］赵欣苗，王玉磊．生鲜电商行业发展面临的问题及政策建议［J］．中国经贸导刊，2020（20）．

［62］韩喜艳．农产品流通组织化研究［D］．北京：中国农业科学院，2013．

［63］许智科．新零售背景下农产品冷链物流配送模式研究［J］．物流工程与管理，2020，42（6）．

［64］张渝，张风轩，周佳琦，等．新形势下农产品冷链物流发展研究［J］．物流工程与管理，2020，42（6）．

［65］陈勇．大农业视角下的农产品物流模式研究［D］．武汉：武汉理工大学，2015．

［66］黄星．冷链物流对农产品流通业转型升级的影响及思路［J］．商业经济研究，2020（12）．

［67］张倩．流通经济时代下农产品物流技术创新探讨［J］．商业经济研究，2019（23）．

［68］国务院农村综合改革工作小组办公室．农村税费改革十年历程［M］．北京：经济科学出版社，2012．

［69］中华人民共和国农业部．辉煌历程：纪念中国农村改革三十年［M］．北京：中国农业出版社，2008．

［70］《中国交通运输改革开放30年》丛书编委会．中国交通运输改革开放30年：公路卷［M］．北京：人民交通出版社，2009．

［71］张晓山，李周．新中国农村60年的发展与变迁［M］．北京：人民出版社，2009．

［72］谢里，李白，张文波．交通基础设施投资与居民收入：来自中国农村的经验证据［J］．湖南大学学报（社会科学版），2012，26（1）．

［73］李兴华，范振宇．中国农村公路发展历程回顾及展望［J］．交通世界，2006（10）.

［74］尚晋平．2007：我国公路交通发展的回顾与展望［J］．综合运输，2007（2）.

［75］李妮．我国农村交通运输公共服务市场化研究［J］．西北农林科技大学学报（社会科学版），2013，13（5）.

［76］付林．浅析新时期下交通与农村经济［J］．市场周刊（理论研究），2016（1）.

［77］朱润之．农村公路建设对农村区域经济的影响研究［D］．咸阳：西北农林科技大学，2012.

［78］韩俊德．农产品物流对农村经济发展影响研究［J］．农村经济与科技，2017，28（17）.

［79］罗佩．西部农村交通基础设施有效供给问题研究［D］．西安：长安大学，2015.

［80］马珑珈．四川省构建覆盖城乡、互联互通的交通体系研究［D］．成都：西南交通大学，2016.

［81］吴焱．农村公路建设发展评价、管理及保障技术研究［D］．西安：长安大学，2013.

［82］张丰焰．城乡统筹导向下的农村公路客运发展问题研究［D］．西安：长安大学，2010.

［83］卢辉．打通山区农村客运物流"最后一公里"［J］．领导科学论坛，2015（18）.

［84］陈小平．农村道路客运可持续发展研究［J］．山西农经，

2017（24）．

［85］崔振武．浅议新形势下农村客运公交化运营的问题［J］．科技资讯，2015，13（9）．

［86］宋雷，曾艳英．公共交通均等化背景下的农村客运站货运物流发展现状与转型研究：以广东省为例［J］．物流技术，2016，35（1）．

［87］陈李杰，周玉梅．我国农村物流发展现状及对策研究［J］．物流工程与管理，2015，37（5）．

［88］丁雪峰，刘佳．考虑客户到达时刻的农村"货运班线"物流服务定价策略［J］．工业工程，2016，19（4）．

［89］朱世友．农村电商发展对物流业的影响及农村物流体系构建［J］．价格月刊，2016（3）．

［90］张喜才．电商背景下村级物流发展模式研究［J］．农业经济与管理，2016（2）．

［91］赵婉茹．农村交通运输基础设施供给机制问题研究及政策建议［D］．大连：东北财经大学，2010．

［92］方昕．湖南省农村道路运输业发展中存在的问题及对策研究［D］．湘潭：湘潭大学，2007．

［93］王晓梅．农村公路交通经济适应性研究［J］．科技经济市场，2017（10）．

［94］宁春华．山区农村客运市场现状及对策分析［J］．中国市场，2017（12）．

［95］邓燕．公路养护的政府财政责任分析［D］．北京：财政

部财政科学研究所，2014.

[96] 萧赜. 基于公共经济理论的我国农村公路管养问题研究 [D]. 西安：长安大学，2011.

[97] 余红峰. 我国公路管理体制改革面临的问题和对策研究 [D]. 济南：山东大学，2011.

[98] 潘梦琳. 基于内生式发展模式的乡村振兴途径研究 [J]. 中国名城，2018（4）.

[99] 吕辛，高兰. 发达国家粮食物流现状及经验启示 [J]. 粮食科技与经济，2015，40（6）.

[100] 张京卫，张兆同. 发达国家农产品物流发展分析及启示 [J]. 农业经济，2007（7）.

[101] 朱东红，慕艳芬. 国外粮食物流发展概述及启示 [J]. 世界农业，2007（3）.

[102] 喻占元. 中外农产品物流比较及发展对策研究 [J]. 乡镇经济，2009，25（2）.

[103] 刘慧. 粮食供给侧结构性改革持续深入推进　我国由粮食生产大国迈向粮食产业强国 [J]. 粮食科技与经济，2018，43（1）.

[104] 何友，曾福生. 中国粮食生产与消费的区域格局演变 [J]. 中国农业资源与区划，2018，39（3）.

[105] 粮食流通是连接粮食生产和消费的重要工作 [EB/OL]. (2021 - 04 - 08) [2023 - 01 - 30]. http：//www. gov. cn/xinwen/2021 - 04/08/content_5598445. htm.

［106］商务部 4 月 2 日网上新闻发布会［EB/OL］．（2020 - 04 - 02）［2023 - 01 - 30］．http：//www. scio. gov. cn/ztk/dtzt/42313/42976/42988/Document/1679646/1679646. htm.

［107］祝合良．双循环新格局下"十四五"我国现代流通体系高质量发展［J］．中国流通经济，2022，36（2）.

［108］中华人民共和国国务院新闻办公室．《中国的粮食安全》白皮书［R/OL］．（2019 - 10 - 14）［2023 - 01 - 30］．www. scio. gov. cn/ztk/dtzt/39912/41906/index. htm.

［109］前瞻产业研究院．2023—2028 年中国大豆加工行业产销需求与投资预测分析报告［R］．2022.

［110］李顺萍．世界大豆生产布局及中国大豆对外依存度分析［J］．世界农业，2018（11）.

［111］王红茹，郭芳，李雪．中国粮食地图：从"南粮北运到"到"北粮南运"［J］．中国经济周刊，2013（25）.

［112］王帅．全球粮食贸易中关键点的风险与我国粮食安全［J］．国际经济合作，2017（11）.

［113］张义博．新时期中国粮食安全形势与政策建议［J］．宏观经济研究，2020（3）.

［114］孙致陆．贸易开放改善了粮食安全状况吗：来自跨国面板数据的经验证据［J］．中国流通经济，2022，36（3）.

［115］Food and Agriculture Organization of the United Nations. Global Report on Food crises 2022［R］．Rome：FAO，2022.

［116］石少龙．我国粮食贸易格局变化趋势与稻谷安全风险及

防范措施研究［J］．中国粮食经济，2020（4）．

［117］卞靖，陈曦．新时代粮食安全保障需提升三重能力：基于对粮食"三重属性"的分析［J］．宏观经济管理，2020（12）．

［118］王树来．关于大力发展棉花现代物流的几点思考［J］．全国流通经济，2019（21）．

［119］张浩，王明坤．城市居民食用油的市场供应保障［J］．物流科技，2017，40（9）．

［120］磨虹任，尧品毅．广西食糖产品供应链建设初探［J］．现代商业，2019（14）．

［121］孙大鹏．我国农产品营销渠道变迁机理研究［D］．大连：东北财经大学，2018．

［122］刘伟，贺兴东，刘文华．重构我国农产品现代流通体系的对策建议［J］．中国经贸导刊，2020（8）．

［123］涂洪波．我国农产品流通现代化的实证研究［D］．武汉：华中农业大学，2013．

中国物流专家专著系列